Matt Galan Abend
Ich will leben statt gelebt zu werden

vianova
Verlag Via Nova

Matt Galan Abend

Ich will leben
statt gelebt zu werden

Ein Weg zur inneren und äußeren Freiheit

vianova
Verlag Via Nova

1. Auflage 2011

Verlag Via Nova, Alte Landstr. 12, 36100 Petersberg

Telefon: (06 61) 6 29 73

Fax: (06 61) 96 79 560

E-Mail: info@verlag-vianova.de

Internet: www.verlag-vianova.de / www.transpersonale.de

Umschlaggestaltung: Guter Punkt, München

Druck und Verarbeitung: Fuldaer Verlagsanstalt, 36037 Fulda

ISBN 978-3-86616-189-4

INHALT

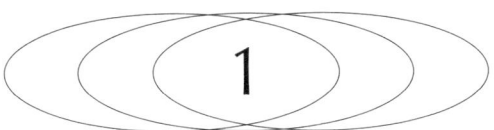

Was ist das Leben für Sie?
Mehr Lust oder Frust?

Mit dieser Frage meine ich ganz alleine „Sie".

Ich bin nicht an dem interessiert, was alle mehr oder weniger so sagen, nicht an dem, was „man" allenthalben so liest und hört. Ziehen Sie sich bitte nicht auf irgendwelche Gemeinplätze zurück.

„Man" weiß ja, wie die Zeiten heute sind, und „man" sollte doch eigentlich froh sein, zumindest sein Auskommen zu haben, einigermaßen gesund zu sein und keinen Mann/Frau zu haben, die einen betrügen usw.

Solche Allgemeinplätze würden Sie nicht weiterbringen. Deshalb frage ich also ausschließlich „Sie" und meine auch ausschließlich Sie. Ich meine auch nicht Ihre Familie, Ihre Kinder oder wen auch immer.

Was ist das Leben für Sie?
Was bedeutet jeder einzelne Tag für Sie?

Was bedeutet z.B. der heutige Tag für Sie, was bedeutete der gestrige Tag und was wartet morgen auf Sie? Leider kann ich Ihre Antwort nicht hören, aber seien Sie ehrlich zu sich selbst. Die vorstehenden Allgemeinplätze, die ich beispielhaft genannt habe, enthalten allesamt zu viele „Man".

Wer oder was ist eigentlich dieses „Man"?

Dieses „Man" ist eines der meistgebrauchten Wörter in der deutschen Sprache und doch versteht jeder etwas anderes darunter, und dieses Andere ist immer abhängig von der Position des Betrachters, vom momentanen gesellschaftlichen Umfeld, aus dem heraus dieses „Man" formuliert wird.

Letztlich hat jedes Umfeld, hat jede soziale Schicht, hat jede Altersgruppe, hat jedes berufliche Umfeld ein eigenes beispielhaftes „Man". Jedes Umfeld hat feste Regeln zu dem entwickelt, was „man" so tut oder absolut nicht tut, wie „man" sich zu benehmen hat oder nicht, was „man" auf keinen Fall versäumen darf und niemals vergessen sollte, wie „man" sich kleiden sollte und wo „man" auf jeden Fall – oder umgekehrt – auch auf gar keinen Fall gesehen werden sollte.

Solche „Man" sind nichts als Gefängnisse,
in die wir uns selbst einsperren.

Wir leben nach einem Maßstab, den man uns errichtet hat, statt dass wir unseren eigenen Maßstab errichtet hätten. Dieser Maßstab ist für uns zur Wahrheit geworden, nach diesem Maßstab leben wir und diesem Maßstab folgen wir. Wir konnten ja auch gar nicht anders, kann man hier sogar mit einiger Berechtigung einwenden – unsere Eltern, die Schule, die Ausbildung, das jetzige Umfeld usw.

Wir sollten uns doch in etwas Bestehendem etablieren und uns nicht danebensetzen. Dies war ja das ausgemachte Ziel all derer, die an uns herumbogen und herumerzogen. Wir sollten so werden, wie sie dachten, dass wir werden sollten, und ihnen nur ja keine Schande machen. Schließlich hatten sie ja erfahren . . .

Aber auch wir selbst wollten natürlich dazugehören und nicht im Abseits stehen, wollten nicht anders sein als die anderen und, wenn möglich, sogar den Ton zumindest mitbestimmen. Großartig, wenn andere zu uns aufsahen oder uns sogar zum Vorbild nahmen. Großartig, wenn wir gelobt wurden und man mit uns zufrieden war. Großartig, wenn unsere Eltern auf ihren Sohn oder ihre Tochter stolz sein konnten.

Wir konnten ihnen damit etwas geben und waren stolz darauf. Aber haben wir uns damit auch selbst etwas gegeben oder haben wir uns damit eher etwas genommen?

Haben wir uns damit nicht die Chance genommen, unser Leben nach unseren Bedürfnissen einzurichten und zu leben?

Ein solches Selbsteinrichten ist natürlich immer mit erheblichen Verlustrisiken verbunden. Das Umfeld, dessen Vorstellungen wir bisher klaglos entsprachen, sieht nun höchst irritiert unserer Selbsteinrichtung zu. „Man" versteht uns nicht mehr, wir waren doch früher ganz anders, was ist nur aus dem oder der geworden? Aber auch in diesem Fall sollte uns dieses *Man*, das uns da nicht mehr versteht, relativ gleichgültig sein, oder wir werden den Wechsel zu einem eigenbestimmten Leben niemals schaffen.

Wenn Sie schon andere Bücher von mir gelesen haben, wissen Sie, dass ich auch immer sehr gerne Beispiele aus meinem eigenen Leben einfüge, denn was ich Ihnen in meinen Büchern anbiete, ist gelebtes Leben, ist gelebte Lebenserfahrung und keine anstudierte Theorie.

Also, folgendes Beispiel aus meinem Umfeld: Als in meiner ersten Ehe nach acht mehr oder weniger gemeinsam gelebten Jahren eine absolut einvernehmliche Scheidung anstand – wir hatten uns total auseinanderentwickelt und uns nicht mehr viel zu sagen – reagierten meine Eltern folgendermaßen: *„Wie stehen wir jetzt da, was denken jetzt die Leute über uns, wir haben keinen Sohn mehr, wir wollen dich nie mehr sehen."*

Mein Handeln und das meiner Frau, die unsere Beziehung ja genauso sah wie ich, entsprachen nicht mehr den Vorstellungen unseres Umfeldes, obwohl meine Frau und ich nach der Scheidung zu einem besseren Verhältnis fanden als vorher. Dies alles zählte nicht.

Meine Eltern sahen sich in ihrem Umfeld durch mein Verhalten an den Pranger gestellt. Sie mussten sich für ihren Sohn schämen. Hatten sie denn nicht alles getan? So etwas tat man doch einfach nicht.

Ihr Ansehen im Umfeld war ihnen dabei wichtiger als ihr eigener Sohn. Sie wollten den Sohn nie mehr sehen und sahen durch diese Maßnahme ihre Reputation im Umfeld offensichtlich wieder hergestellt. Ganz nebenbei – ich habe sie dann auch nie mehr gesehen.

Nun wäre das vielleicht alles noch verständlich, wenn sie selbst eine vorbildliche und von gegenseitiger Liebe und Zuneigung geprägte Ehe geführt oder tief religiös gewesen wären. Aber ihre eigene Beziehung bestand im Inneren nur aus Hass, in dem sie sich gegenseitig den Tod wünschten, und mit so etwas wie Gott hatten sie schon gar nichts am Hut.

Tausende Male hörte ich meine Mutter mit Blick auf meinen Vater den Satz *„jingste doch kapott"* vor sich hin murmeln, denn sie sprach nur rheinisches Platt-Deutsch. Der aufgestaute Hass musste wohl irgendwie raus. Mir selbst sagte sie wörtlich: *„Liebe gibt es nicht, so was ist Quatsch".*

Dieses Beispiel mag zunächst extrem erscheinen, ist es aber nicht.

> *Je brüchiger und inhaltsloser*
> *die eigene Plattform,*
> *desto bedeutungsvoller wird die*
> *Akzeptanz durch das Umfeld.*

Wenn ich mich schon selbst nicht im Spiegel ertragen kann, wenn ich schon selbst keine gute Meinung von mir habe, dann soll mich doch zumindest mein Umfeld positiv sehen.

Nun ist natürlich nichts dagegen einzuwenden, wenn das Umfeld mich positiv sieht. Die Frage ist nur, welchen Preis ich dafür zahle oder zu zahlen bereit bin. Sieht das Umfeld mich positiv, weil ich so bin, wie ich bin, oder sieht das Umfeld mich positiv, weil ich alles dafür tue, so zu sein, wie es von mir erwartet wird?

Erfülle ich die Erwartungen anderer oder erfülle ich meine eigenen Erwartungen? Lebe ich heute immer noch so, wie es einmal für mich eingerichtet wurde, bin ich nach wie vor eingerichtet, oder hatte ich den Mut, mir mein Leben selbst einzurichten?

13

Ist das wirklich mein Leben,
das ich da lebe?
Ist das wirklich alles,
oder soll da noch was kommen?

Ja, aber wann oder woher soll es denn kommen? Bin das wirklich ich oder ist es nur eine Rolle, in die ich mehr oder weniger hineingewachsen wurde und die ich nun täglich ausfülle?

Ich verstehe natürlich Ihre etwaigen Bedenken. Wahrscheinlich müssen Sie „erst noch"…, und so schlecht ist es natürlich auch wieder nicht. Anderen geht es auch nicht besser, sogar eher noch schlechter und überall gibt es Höhen und Tiefen. Also warum irgendein Risiko eingehen, warum etwas aufs Spiel setzen, mit dem man sich mehr oder weniger arrangiert hat? Es war ja ohnehin mühevoll genug.

Das ist zwar alles nichts Richtiges,
aber damit habe ich gelernt umgehen.

Ich habe viele Menschen erlebt, die sich endlich selbst verwirklichen wollten, so haben sie es jedenfalls bezeichnet. Es gibt sogar Seminarveranstalter, die unter dieser Flagge ihr Geld verdienen. Das nicht unerhebliche Problem dabei besteht meist darin, dass dieses Selbst, das da verwirklicht werden soll, nicht so recht zu entdecken ist.

Das, was viele Menschen bei ihren Bemühungen zur Selbstfindung zunächst als ihr Selbst empfanden, bestand bei näherem Hinsehen lediglich aus dem, was sie nicht wollten. Sie wussten ganz klar, was sie nicht mehr wollten, aber leider wussten sie nicht, was sie denn nun wollten.

Nicht verwunderlich. Das gesuchte und nun zur Verwirklichung anstehende Selbst konnte sich ja nie entwickeln. Es wurde von Konditionierungen aller Art, wurde von dem bereits zitierten „Man" überlagert.

Wir sind nicht das,
was wir denken, das wir sind.
Wir sind das, zu dem wir
konditioniert wurden.

Kennen Sie mein Lieblingsbeispiel zu diesem Thema?

Wenn Sie nach Ihrer Geburt als Baby vertauscht worden und bei ganz anderen Eltern unter ganz anderen Umständen aufgewachsen wären, wären Sie heute ganz anders.

Nicht viel von dem, was wir da so als unser Ich
vor uns hertragen,
ist wirklich aus uns selbst entstanden.

Wir halten es lediglich für unser Ich. Wir haben nichts anderes. Wir leben in Wahrheiten, die nicht „unsere" Wahrheiten sind. Wir haben sie lediglich übernommen, haben sie nie so recht in Frage gestellt, wollten das Risiko einer Neuorientierung nicht eingehen, wollten nichts verlieren, nichts aufgeben, wollten uns nicht unnötig danebensetzen – man weiß ja nicht, was kommt.

Ihr Weg zur Entdeckung Ihres wahren Ich beginnt damit, Ihre anerzogenen Wahrheiten in Frage zu stellen, sich zumindest ihrer Fragwürdigkeit bewusstzuwerden.

15

So fragwürdig unsere eigenen Wahrheiten auch sind, so fragwürdig sind auch die Wahrheiten, die andere vor sich hertragen.

Ab dem Moment, wo wir dies erkennen und in gelebtes Leben umsetzen, herrscht etwas mehr Toleranz zwischen den Menschen, wird etwas weniger um Wahrheiten gekämpft, die allesamt keine sind. Es sind immer nur unsere Wahrheiten, und die stammen nicht einmal von uns.

Aber wir wollen hier nicht die Menschheit verbessern, das werden wir nicht schaffen. Es genügt schon, wenn wir eine Verbesserung unserer eigenen Lebensumstände erreichen, wenn wir mehr Freude als Frust einkehren lassen, wenn wir über den Dingen stehen, statt darin zu stecken, und dabei möchte ich Ihnen mit diesem Buch ein wenig helfen.

Nicht alles, was Sie sich spontan vornehmen, weil Sie im Inneren fühlen, dass es so richtig ist, wird auch spontan umzusetzen sein.

Es geht hier nicht um Schnelligkeit. Es geht um Gründlichkeit. Es ist ein Weg, auf den ich Sie führen möchte, und dieser Weg ist kein Hundertmeterlauf. Wer zu schnell losrennt, kommt nur selten ans Ziel. Meist geht den Schnelläufern schon nach kurzer Distanz die Puste aus.

Noch eines möchte ich klarstellen. Eine Änderung Ihrer Lebensumstände, eine Erhöhung Ihrer Lebensqualität, ein Hin zur Lebenslust und -freude haben rein gar nichts mit Weglaufen zu tun.

Sie müssen dazu nicht nach Neuseeland auswandern, keinen alternativen Bauernhof eröffnen, unter die Blumenkinder oder vielleicht auch ins Kloster gehen.

Wo auch immer Sie hinflüchten,
Sie nehmen sich immer mit.

Weglaufen bringt lediglich eine Änderung im Äußeren. Was aber viel wichtiger ist, ist eine Änderung im Inneren.

Oft genügt schon ein anderer Umgang mit den Dingen des Alltags, genügt eine andere Sicht der Dinge. Stellen Sie sich z.B. vor, Sie bleiben in der gleichen Lebenssituation, aber alles berührt Sie irgendwie nicht mehr so direkt wie vorher. Sie leiden weniger, Sie ärgern sich weniger, Sie kämpfen weniger.

Nunmehr haben Sie die Dinge in der Hand, aber die Dinge haben Sie nicht mehr in der Hand. Sie behalten Abstand und schauen amüsiert zu. Sie lassen strampeln, aber Sie strampeln nicht mehr. Wie wär´s denn damit?

Werden Sie zum Zuschauer der unendlichen Komödie,
die da um Sie herum abläuft.

Wenn Sie mit einer solchen Zielsetzung einverstanden sind, ist dieses Buch genau richtig für Sie. Auswandern können Sie dann ja immer noch.

Der hermetische Lehrsatz heißt: *Wie innen, so außen – wie oben, so unten – wie im Größten, so im Kleinsten.* Wir können davon nichts umdrehen und z.B. hoffen, dass eine Änderung im Außen genügt, um auch eine Änderung im Inneren zu bewirken, und trotzdem wird es immer wieder versucht. Es erscheint zunächst einmal als der einfachere Weg. Leider ein Irrweg.

17

„Wenn sich das doch endlich ändern würde ... wenn er oder sie doch endlich einsehen würde ... wenn ich doch endlich mehr Zeit für mich bekäme ... wenn das Haus doch endlich abbezahlt wäre ... wenn die Kinder endlich auf eigenen Füßen stehen würden ... mein Beruf endlich mehr anerkannt würde ... mein Einkommen endlich ... usw. usw."

Solange Sie solche Alibis vor sich hinschieben, wird sich in Ihrem Leben rein gar nichts ändern.

Es kommt nicht darauf an, dass sich irgendetwas endlich ändert, es kommt allein darauf an, dass „Sie jetzt" etwas ändern. Sie sind der Schlüssel. Sie sind die Kraft, die bewegt. Aber solange Sie sich nicht bewegen, werden Sie bewegt.

Solange Sie die Zündung eines Autos nicht betätigen, wird es auf der Stelle stehen bleiben, so perfekt es auch für die Bewegung konstruiert wurde.

Bei derartigem Stillstand besteht lediglich die Gefahr, dass Ihre Karosserie von anderen, denen Sie im Wege stehen und deren Bewegung Sie behindern, kräftig zerschrammt und verbeult wird. Beschweren Sie sich nicht, starten Sie doch einfach Ihren Motor und bewegen Sie sich endlich mit.

Ich erlebe solch einseitige Stehversuche in meiner Praxis immer wieder bei Partnerschaftsproblemen. Einer der Partner blieb stehen, war zufrieden, war angekommen, und der andere Partner entwickelte sich weiter und ging seinen Weg. Dass dann dabei jemand auf der Strecke bleibt, dass er überholt und abgehängt wird, ist nicht verwunderlich.

Eine erfolgreiche Partnerschaft und ein erfülltes Leben ist so etwas wie eine Dauerbaustelle, an der täglich gearbeitet werden muss. Alles ist in

Bewegung, nichts bleibt so, wie es ist. Wir können keine Sekunde stehen bleiben.

Leben ist Bewegung.
Nur was tot ist,
bewegt sich nicht mehr.

Bleiben wir in der Bewegung! Arbeiten wir täglich an der Baustelle unseres Lebens und verharren wir nicht in dem, was schon immer so war. Es wird nicht immer so bleiben. Garantiert!

Noch eine kleine Gleichung möchte ich Ihnen nicht vorenthalten. Ich kenne sie seit langem, weiß aber leider nicht mehr, wo ich sie zum ersten Mal gehört oder gelesen habe, sie ist also nicht von mir. Sie erhebt auch keinen großen philosophischen Anspruch, ist aber irgendwie witzig:

Das Leben ist eine Krankheit,
die durch Geschlechtsverkehr übertragen wird
und in jedem Fall tödlich endet.

Ich hoffe inständig, dass Ihr Leben doch etwas mehr als eine Krankheit ist. Aber wenn Sie entdecken müssen, dass einige Bereiche Ihres Lebens tatsächlich mehr krank als gesund sind, dann müssen Sie dies ändern, bevor die Krankheit sich weiter ausbreitet.

Also fangen Sie *jetzt* damit an. Sie müssen nicht erst noch . . .

19

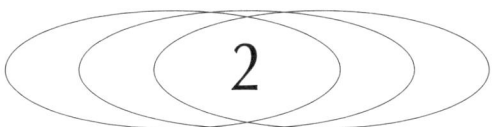

Wer oder was bin ich?

Nun haben wir festgestellt, dass unser empfundenes Ich im Wesentlichen nichts anderes ist als das Ergebnis der Prägungen und Konditionierungen, denen wir unterworfen waren, und dass wir ganz anders wären, wenn wir z.B. als Baby vertauscht und bei anderen Eltern aufgewachsen wären. Dies gilt ausnahmslos für jeden von uns und ist weder ein Makel noch ein Verdienst.

Den prägenden Einfluss des Umfelds, in dem wir mehr oder weniger aufgewachsen wurden, können wir niemals gänzlich löschen.

Wenn wir aber heute erkennen, dass wir uns mit einigen dieser Prägungen selbst im Wege stehen, dann besteht durchaus die Chance, die daraus resultierenden Verhaltensmuster weitgehend abzubauen oder zumindest in den Griff bekommen. Gänzlich ungeschehen machen können wir unsere Vergangenheit hingegen nicht, wobei die Frage zunächst offen bleibt, ob dies überhaupt sinnvoll wäre. Ich denke eher nicht.

Unsere Vergangenheit ist uns nicht einfach so zugefallen. Sie hatte einen Sinn, und zwar hatte sie einen Sinn für uns. Sie ist und bleibt Teil unseres Lebens.

Wenn wir einen Weg gegangen sind, ist es doch unsinnig, alle Erinnerungen an die zurückgelegte Wegstrecke löschen zu wollen. Wir haben doch auf diesem Weg etwas gelernt, und selbst wenn wir auf diesem Weg zunächst etwas Falsches erlernt haben, ist doch schon allein die Erkenntnis, dass es falsch war, hilfreich.

Jede bewältigte Schwierigkeit
hat uns ein Stück weitergebracht,
und ebenso wird uns die Bewältigung
zukünftiger Schwierigkeiten weiterbringen.

Natürlich hätten wir es lieber ohne Schwierigkeiten. Das ist allzu menschlich, aber damit würden wir uns selbst den Stillstand verordnen. Wir brauchen Schwierigkeiten, so überflüssig dies manchem Leser auch zunächst scheinen mag.

Etwas in uns sucht nahezu diese Schwierigkeiten, wobei etwas anderes in uns allen Schwierigkeiten aus dem Weg gehen möchte. Die oft zitierten „zwei Seelen in einer Brust" ist eine Redensart, die leider purer Nonsens ist. Niemand hat zwei Seelen in seiner Brust, und wer sagt uns, dass Seelen in der Brust sitzen? Eine Seele ist nicht wie ein Organ, das einen bestimmten Platz hat. Seelen können auch nicht krank werden, obwohl man immer wieder von seelischen Krankheiten spricht. Ja, selbst die Aussage, eine Seele zu haben, ist im Kern unrichtig. Eine Seele ist das unbegrenzte und unsterbliche göttliche Element, das zur Zeit einen menschlichen Körper bewohnt und ihn dadurch lebendig macht.

22

Wir haben keine Seele, wir sind eine Seele.

Der Körper ist begrenzt, unsere Seele ist hingegen unbegrenzt. Niemals kann etwas *Be*grenztes etwas *Un*begrenztes besitzen. Es kann nur umgekehrt sein. Die unbegrenzte Seele besitzt bzw. bewohnt einen begrenzten menschlichen Körper. Eine Verbindung auf Zeit, eine relativ kurze Zeit, die im Angesicht des Universums nicht mehr als das Leben einer Eintagsfliege bedeutet. Wenn die Seele den Körper verlässt, ist die zurückbleibende Materie der Verwesung anheimgegeben.

Wenn Sie den arg strapazierten Ausdruck Seele nicht mögen, ersetzen Sie ihn einfach durch eine Bezeichnung die Ihnen etwas weniger Schwierigkeiten bereitet: geistiger Kern, göttlicher Funke, unbegrenztes Ich, reiner Geist, XY3 oder dergleichen. Vielleicht erfinden Sie auch einen ganz neuen Ausdruck, ich wäre interessiert, ihn zu erfahren. Meine E-Mail-Adresse steht am Ende des Buches.

Der Mensch ist also eine Kombination aus unbegrenztem Geist und begrenzter körperlicher Materie.

Dieser unbegrenzte und unsterbliche Geist, diese Seele oder wie auch immer Sie es nun nennen wollen, bewohnt vorübergehend einen menschlichen Körper, in dem sie oder durch den sie bestimmte Erfahrungen macht, durch den sie handelt und durch den sie sichtbar wird.

Die Erfahrungen, die diese Seele sucht, sind niemals zufällig. Es gibt keinen Zufall. Wenn es die Möglichkeit eines Zufalls gäbe, würde das

Universum zusammenbrechen. Aber alles greift mit der Präzision eines Schweizer Uhrwerks ineinander.

Die Schöpfung ist keine Tombola,
in der man Nieten oder Gewinne ziehen kann.

Auch wenn Sie manchmal das Gefühl haben, dass für Sie z.Zt. nur Nieten im Topf sind – auch das wird sich ändern – auch das wird vorübergehen. Nichts bleibt, wie es ist. Was heute oben ist, wird morgen unten sein, und was heute unten ist, wird morgen oben sein. Alles findet immer wieder seinen Ausgleich.

Das Pendel einer Uhr schwingt sowohl auf die linke wie auch auf die rechte Seite. Es kann nicht auf einer Seite stehen bleiben, es sei denn, die Zeit ist abgelaufen und die Kraft, die die Uhr angetrieben hat, ist erloschen. Aber dann steht das Pendel exakt in der Mitte und bleibt auch dann nicht auf einer der beiden Seiten stehen.

In einem anderen Buch von mir habe ich die Erde mit einem Schulsystem verglichen, in dem wir, das unbegrenzte geistige ICH BIN, bestimmte Erfahrungsstufen mit unterschiedlichen Lerninhalten durchlaufen.

Haben wir das Lernziel einer Stufe nicht erreicht, haben wir uns einer Erfahrung verweigert, haben wir es uns zu bequem gemacht, dürfen wir diese Stufe so lange wiederholen, bis wir endlich gelernt haben. Weglaufen können wir nicht.

Diese beiden an sich völlig unvereinbaren Ebenen von *unbegrenzt* und *begrenzt* bergen einen dauernden Konfliktstoff in sich. Das unbegrenzte geistige ICH BIN will lernen, braucht Schwierigkeiten, um Erfahrungen zu sammeln, und das begrenzte körperliche Ich will all dem am

24

liebsten aus dem Wege gehen und es sich so bequem wie möglich machen.

Es ist auch allein das körperliche Ich, das Angst vor dem Tod hat. Die Seele, das geistig-göttliche ICH BIN, geht lediglich wieder nach Hause, und davor hat sie sicher keinerlei Angst, oder auch Gott müsste so etwas wie Angst empfinden können.

Die begrenzte körperliche Ebene äußert sich durch die Einflüsterungen unseres Unterbewusstseins, die unbegrenzte geistige Ebene durch das, was wir als Intuition, als Bauchgefühl oder siebten Sinn bezeichnen.

Im Unterbewusstsein eines Menschen sind alle Erfahrungen seines augenblicklichen Körpers von seiner Zeugung bis zu seinem aktuellen Jetzt fein säuberlich aufgezeichnet. Sind darin nun besonders schmerzhafte Erfahrungen aufgezeichnet, will uns das Unterbewusstsein vor neuerlichen Erfahrungen der gleichen Art bewahren und blockiert schon im Ansatz alle Wege, die in diese Richtung laufen könnten.

Unser Unterbewusstsein arbeitet also im Prinzip nicht gegen uns, sondern für uns. Die Problematik besteht ausschließlich darin, dass unser Unterbewusstsein unser Ich allein mit unserer momentanen, begrenzten körperlichen Erscheinung identifiziert.

Es will uns auch dann vor neuerlichen schmerzhaften Erfahrungen bewahren, wenn unser unbegrenztes geistiges ICH BIN diese Erfahrung bewusst sucht. In der Regel sind es ja genau die schmerzhaften Erfahrungen, die die entscheidenden Meilensteine auf unserem Weg bedeuten. *Mit unserem Unterbewusstsein haben wir so etwas wie einen Freund, der uns in bester Absicht vor etwas bewahren will, vor dem unser unbegrenztes geistiges ICH BIN gar nicht bewahrt werden möchte.*

Dies ist natürlich einigermaßen nervig und bedeutet eine permanente Zerrissenheit in der Konstruktion Mensch. Die eine Seite will, die andere Seite blockiert. Die eine Seite will es sich gemütlich machen und allen Schwierigkeiten aus dem Wege gehen, die andere Seite braucht die Lösung solcher Schwierigkeiten, um die gesuchte Lernerfahrung machen zu können.

Wenn sich nun z.b. in einer angstauslösenden Situation, zu der die entsprechenden Erfahrungen im Unterbewusstsein gespeichert sind, beide Seiten konträr gegenüberstehen, siegt zunächst einmal immer und ausnahmslos das Unterbewusstsein der begrenzten Ebene.

Sie können sich mit Ihrem Willen noch so fest vornehmen, allen Erfahrungen zum Trotz in die angstauslösende Situation hineinzugehen, Sie werden es nicht schaffen.

Die Kreativität und die Trickkiste des Unterbewusstseins sind nahezu unbegrenzt, wenn es darum geht, Sie vor einer als elementare Gefahr eingestuften Situation zu schützen. Das Herz beginnt z.b. zu rasen, Schweiß bricht aus, es wird Ihnen schwindlig, die Stimme versagt, oder es legt Sie durch einen Ohnmachtsanfall ganz einfach flach. Da liegt nun der Held oder die Heldin des so stark eingeschätzten Willens.

In einigen Büchern habe ich gelesen, dass man nur wollen muss, um etwas zu erreichen. Ich weiß nicht, wo diese Autoren ihre Weisheit hernehmen, aber solche Behauptungen sind leider unhaltbar und haben schon viele Menschen an sich zweifeln lassen. Sie wollten ja, sie hatten alles versucht und kamen trotzdem keinen Schritt weiter. Blieb meist nur die schmerzhafte Erkenntnis, halt nicht so gut zu sein wie die anderen – der nächste Nonsens.

Sie waren nicht schlechter, sie hatten nur das falsche Schuhwerk gewählt. Sie wollten mit Rollschuhen den Berg hinauf, rollten aber immer wieder zurück.

Und trotzdem ist der Wille die entscheidende Initialzündung, die jeder Veränderung in Ihren Lebensumständen vorausgehen muss. Solange Sie nicht wollen ...

Aber dann ist es entscheidend, dass Sie die richtigen Techniken anwenden, dann ist es entscheidend, dass Sie der Kreativität und der Trickkiste Ihres Unterbewusstseins etwas Gleichwertiges entgegensetzen. Nur mit dem bloßen Willen werden Sie sich nichts als eine blutige Nase holen.

Gehen wir zurück zur Frage dieses Kapitels: Wer oder was bin ich? Nun, wir haben gesagt, dass der Mensch eine Kombination aus unbegrenztem Geist und begrenzter körperlicher Materie ist, und wir haben auch gesagt, dass diese an sich völlig unvereinbare Kombination einen dauernden Konfliktstoff beinhaltet.

Aber dieser Konfliktstoff ist nur so lange gegeben, wie wir uns zwischen diesen beiden Ebenen hin- und herreißen lassen, solange wir keiner der beiden Ebenen die klare Führungsrolle zusprechen – solange wir unser ICH nicht ausschließlich mit einer der beiden Ebenen identifizieren.

Dabei haben wir natürlich die Wahl zwischen unserem begrenzten körperlichen Sein und unserem unbegrenzten geistigen Sein.

Wer oder was ist das ICH,
wenn ich ICH sage?

Ist dieses ICH der Alex oder die Alexandra Mayer, geboren am . . . , wohnhaft in Überall, Bergstraße 5, blond, 180 cm groß, 75 Kilogramm, von Beruf Zahntechniker/in?

Verzeihung, das wären zwar Ihre Personalien, aber wäre das auch Ihr ICH? Wäre Ihr ICH nicht vielmehr das unbegrenzte geistige Wesen, das diesen Körper zur Zeit bewohnt, ja, das diesen Körper überhaupt erst lebendig macht? Identifizieren Sie Ihr ICH mit der begrenzten oder mit der unbegrenzten Ebene?

Natürlich sind wir in diesem Körper eine Kombination beider Ebenen, wie wir immer wieder gesagt haben. Aber welche Ebene führt, welche Ebene setzt den Maßstab, welche Ebene gibt den Ton an, welche Ebene ist der Chef im Ring, welche Ebene meinen wir, wenn wir ICH sagen? Fühlen wir uns begrenzt oder unbegrenzt?

Unsere körperliche Materie ist eine relativ kurzfristige Erscheinung. Sie ist irdischer Natur und in der Dimension der Schöpfung relativ unbedeutend.

Unser geistiges Sein hingegen ist göttlicher Natur und in der Dimension der Schöpfung ebenso unvergänglich wie Gott unvergänglich ist.

Gott selbst ist ohne Form und keine personale Wesenheit.

Gott lebt, gebiert und erfährt sich selbst in seiner Schöpfung.

Die Schöpfung ist eine Manifestation eines für unseren Verstand nicht erfassbaren Gottes. Wir können Gott nicht verstehen, aber wir können ihn auf unserer geistig-seelischen Ebene fühlen, wenn wir dieses Gefühl nicht bereits abgetötet haben. Auf dieser Ebene sind wir immer verbunden.

Sie und ich sind ein Ausdruck Gottes, eine Manifestation Gottes, Sie und ich sind ein Tropfen aus der göttlichen Quelle, und Sie und ich bleiben immer mit dieser Quelle verbunden.

Wenn wir uns dessen bewusst sind, wenn wir uns mit dieser Seite unseres Seins identifizieren, wenn wir darin unser ICH sehen, sind wir mächtiger als unsere kurzfristige körperliche Wohnung mit dem Archiv unseres begrenzten Unterbewusstseins.

Geist steht über Materie, Geist formt Materie. Was auf unserer unbegrenzten geistigen Ebene vor sich geht, spiegelt sich auch in unseren materiellen Lebensumständen wider.

Es gibt auch dabei keinen Zufall. Niemand ist zufällig arm oder reich, gesund oder krank, fröhlich oder traurig.

Wenn Sie tiefer in die Kraft der richtigen Ich-Identifikation einsteigen wollen, empfehle ich Ihnen mein kommendes Buch, dessen Titel zur Drucklegung dieses Buches noch nicht exakt feststand. Es beschäftigt sich mit der Technik der geistigen Ursachensetzung auf der Basis des absoluten Urvertrauens und der Erkenntnis des mächtigen ICH BIN.

In dem Buch, das Sie jetzt in Händen halten, kommt es mir allein darauf an, Ihnen die Zweiteilung unseres augenblicklichen Seins deutlich zu machen, um dann daraus die Techniken zu entwickeln, die zur Beherrschung unseres ankonditionierten und – wie wir gesehen haben – recht fragwürdigen begrenzten Ichs führen.

Erst wenn wir in unserem wahren Ich verankert sind, kehrt so etwas wie Ruhe, Friede und Gelassenheit ein.

Erst wenn wir die Umtriebe unseres begrenzten Ego-Ichs steuern und beherrschen, haben wir das Leben und hat nicht umgekehrt das Leben uns in der Hand.

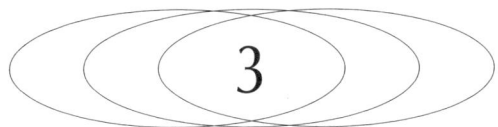

Was mich so sein lässt, wie ich bin

Wir wissen heute sehr zuverlässig, dass im Archiv unseres Unterbewusstseins bereits unsere ersten prägenden Eindrücke und Erfahrungen aus dem Mutterleib gespeichert werden.

Wir fühlen z.B. sehr genau, was uns nach der Geburt erwartet. Freut man sich auf uns, sind wir willkommen oder sind wir eher ein Unglück? Sind wir vielleicht nichts anderes als das Produkt der Unvorsichtigkeit unserer Eltern, die eigentlich gar keine Eltern werden wollten? Sind wir überhaupt richtig? Sind wir der gewünschte Junge oder leider nur ein Mädchen – oder umgekehrt? Solche Beispiele ließen sich in endlosen Variationen fortsetzen.

Noch verstehen wir zwar die Sprache unserer Eltern nicht, aber auf der Schwingungsebene bekommen wir so ziemlich alles mit, was unsere Mutter bewegt und was um sie herum vorgeht. Wir nehmen bereits jetzt am Leben unserer Mutter teil und dies nicht nur auf der physischen Ebene.

Wir fühlen mit unserer Mutter! Wir fühlen ihre Angst und wir fühlen ihre Freude, wir fühlen ihre Sicherheit und ihre Unsicherheit. Wir sind schon ein fühlendes Wesen, wir sind schon hier!

Die Behauptung, dass wir bei unserer Geburt „zur Welt kommen", ist absolut unrichtig.

Wir sind schon auf dieser Welt und nehmen an dieser Welt teil. Zwar noch im Bauch unserer Mutter, aber darin schaukelt sie uns ja schließlich nicht über den Mars.

Die ersten Seiten unseres Lebensmanuskripts werden also schon geschrieben, bevor wir geboren werden, und die darauf folgende unvermeidliche Geburt ist wahrlich kein Vergnügen, weder für unsere Mutter noch für uns selbst.

Manchmal wollen wir auch gar nicht geboren werden oder können es umgekehrt gar nicht abwarten und kommen schon etwas früher. Schließlich wissen wir im Prinzip, was uns erwartet, und das lässt uns drängen oder lässt uns zaudern. Wir legen uns z.B. quer, wehren uns mit allen Mitteln oder wickeln uns schon gleich die Nabelschnur um den Hals, wenn wir dem, was uns nun erwartet, lieber entgehen möchten. Wie war Ihre Geburt? Können Sie darüber noch etwas erfahren?

Johann Wolfgang v. Goethe sagte: *„Wenn wir geboren werden, stehen alle um uns herum und lachen – und wir weinen. Wenn wir gestorben sind, stehen alle um uns herum und weinen – und wir lachen."*

Das sogenannte „freudige Ereignis" ist also gar nicht so freudig. Wir kommen aus der unbegrenzten, geistigen Ebene und siedeln in die Enge eines kleinen, begrenzten menschlichen Körpers um. Umgekehrt ist das sogenannte traurige Ereignis wiederum gar nicht so traurig. Wir verlassen die enge Begrenzung unseres menschlichen Körpers und gehen wieder auf die unbegrenzte geistige Ebene zurück. Wir gehen sozusagen wieder nach Hause zurück. Hier auf dieser Erde waren wir nur so etwas wie ein Wochenend-Gast.

Eine schwere oder leichte Geburt ist niemals zufällig eine schwere oder leichte Geburt, wobei die Schulmedizin natürlich ihre eigenen Erklärungen hat. Sie kommt in jedem Fall zu einem körperlichen Befund und vergisst dabei leider in der Regel die Frage, warum der Körper so reagiert hat. Aber auch da gibt es erfreulicherweise Fortschritte in Richtung einer umfassenderen Betrachtungsweise.

Wenn wir gesagt haben, dass wir schon bei der Geburt wissen, was uns im Prinzip erwartet, dann ist das nicht ganz korrekt. Wir wissen es sogar schon sehr viel früher.

Wir kennen die Lernerfahrung, die mit dem Leben verbunden ist, auf das wir – die Seele – uns da einlassen, schon bereits in dem Moment, in dem wir die mit einem werdenden Körper verbundene Erfahrungschance annehmen.

Dieser Körper ist wie eine Wohnung, in die wir uns dann einmieten, er ist wie ein Kostüm, in dem wir agieren, er bietet uns die Plattform, die wir zu einem erfolgreichen Schulbesuch auf dieser Erde brauchen. Das mit dem werdenden Körper verbundene Lernprogramm zieht sich dann wie ein roter Faden durch den gesamten Ablauf eines solchen Lebens hindurch.

33

Wir werden also nicht zufällig in die Situation hineingeboren, in der wir uns dann wiederfinden. Es gibt keinen Zufall. Nichts fällt uns einfach so zu. Das Leben ist keine Lotterie.

Auf der unbegrenzten, geistigen Ebene haben wir den Lernstoff, der mit unserem Leben verbunden ist, ganz bewusst angenommen.

Reklamationen sind sinnlos. Wir sind genau an der Stelle, die wir uns ausgesucht haben.

Genau hier wird uns der Lernstoff serviert, den wir brauchen. Dabei werden wir nicht überfordert, wir werden z.b. nicht in die siebte Klasse eingeschult, wenn wir nicht einmal den Lernstoff der dritten Klasse beherrschen.

Wir sind hier, um zu lernen.
Wir sind hier, um ein Stück
weiterzukommen.
Wir sind hier, um unsere
Lebens-Lernaufgabe zu lösen.

Die Startposition, das Umfeld, in das wir hineingeboren werden, sagt immer etwas über die mit einem Leben verbundene Lernaufgabe aus. Oft liegt der Lernstoff darin, die Prägungen dieses ersten Umfelds hinter sich zu lassen und auf die Gegenseite zu wechseln, worin dann wiederum das Prinzip der Polarität der Schöpfung sichtbar wird.

Lerne ich z.B. zunächst, dass ich nicht viel wert bin, dass ich zu nichts tauge, dass aus mir nie etwas wird und ich nur allen zur Last falle, dann kann ich mich damit entweder für den Rest meines Lebens ab-

finden und es als Alibi vor mich herschieben, oder ich kann auf die Gegenseite wechseln und allen – am wichtigsten mir selbst – das Gegenteil beweisen.

Hätte die Entwicklung eines gesunden Selbstvertrauens und eines entsprechenden Selbstwertgefühls in so einem Fall nichts mit unserer Lebens-Lernaufgabe zu tun, wären wir wahrscheinlich in einem sehr liebevollen und verständnisvollen Elternhaus geboren worden, in dem wir das alles ganz selbstverständlich mitbekommen hätten. Es wäre nie zu einem Thema geworden. In dem Fall würde dann mit Sicherheit eine andere Aufgabenstellung auf uns warten, z.B. Themen wie Demut, Loslassen, Annehmen, Dienen usw. Auch dazu möchte ich Ihnen ein Beispiel aus meinem eigenen Leben geben:

Meine Mutter war alles andere als eine liebevolle Frau. Das Beispiel aus meiner Scheidung habe ich Ihnen ja schon erzählt. Sie hatte mit allen und jedem Streit und Liebe war für sie Quatsch, auch das habe ich Ihnen schon erzählt.

Folglich habe ich in meiner Kindheit nie so etwas wie Liebe, Zärtlichkeit, Nähe oder Zuneigung erfahren. Mein Vater, der den Intrigen meiner Mutter hilflos ausgeliefert war, lief z.B. einmal mit einem Ziegelstein hinter mir her, um mich zu erschlagen. Wie Sie unschwer kombinieren können, war ich schneller!

Nun hätte ich aus dieser eindeutigen Startposition natürlich das Alibi ziehen können, dass ich ja leider so etwas wie Liebe nie erfahren habe, und mich dann in der gleichen Richtung austoben können. Darin kannte ich mich ja schließlich aus.

Meine Lebens-Lernaufgabe bestand zunächst einmal darin, die Situation als Aufgabenstellung „an"-zunehmen und nicht einfach als sogenanntes Schicksal „hin"-zunehmen.

Sie bestand darin, ganz bewusst auf die andere Seite der Polarität zwischen Hass und Liebe zu wechseln. Aber auf dieser anderen Seite kannte ich mich leider überhaupt nicht aus. Auf der Seite Liebe bestanden keinerlei Erfahrungsmuster.

Da aber auf dieser Seite keine Erfahrungsmuster bestanden, wurde jede Entwicklung in diese Richtung von meinem Unterbewusstsein zunächst als gefährlich eingestuft, und es versuchte natürlich mich vor diesem unbekannten Terrain mit allen Mitteln zu bewahren. Es hatte ja gelernt, dass Liebe Quatsch ist und dass das nichts für uns war. Es wusste ja, dass es allein wichtig war, wie wir nach außen dastanden und wie die anderen Leute uns sahen. Also, warum irgendein Risiko eingehen?

Meine ersten Gehversuche in Richtung des Gegenpols waren dementsprechend erbarmenswert. Als ich neunzehn Jahre alt war, damals lag die Grenze zur Volljährigkeit noch bei einundzwanzig Jahren, wurde mir von meinen Eltern erstmals erlaubt, in die Tanzschule des Kolpingvereins zu gehen. Hier konnte ja wohl nichts passieren. Es passierte auch nichts!

Als ich dabei zum ersten Mal meinen Arm um eine Tanzpartnerin legen und sie an mich ziehen sollte und dabei auch noch erstmals spürte, dass eine weibliche Brust weich war, erstarrte ich zur Salzsäule und mir wurde schwindelig. Mein auf solche Körperkontakte völlig unvorbereitetes Unterbewusstsein zog alle Register der Abwehr.

Heute klingt so etwas natürlich höchst lächerlich, aber die Mechanismen des Unterbewusstseins und die Entstehung seiner Prägungen sind gleich geblieben, und mir kommt es allein darauf an, Ihnen diese Mechanismen deutlich zu machen. Dabei möchte ich Ihnen auch an meinem eigenen Lebensbeispiel beweisen, dass die Überwindung solcher Prägungen, dass ein Wechsel auf die andere Seite möglich ist.

Wie schwierig die Aufgabenstellung
auch immer sein mag,
wir können sie meistern.

Hätte die Entwicklung von Liebe, Nähe, Zuneigung, Offenheit und Vertrauen nicht zu meiner Lebenslernaufgabe gehört, wäre ich sicher nicht in diesem Elternhaus geboren worden. Hier wurde mir genau die Startposition geboten, die ich offensichtlich brauchte.

Sie können sich sicher vorstellen, dass ich einen tiefen Groll auf mein Elternhaus hatte, das so einen emotionalen Felsklotz aus mir gemacht hatte. Später erklärte mir dann einer meiner spirituellen Lehrer, dass es auf der Seelenebene eine große Verbundenheit zwischen mir und meiner Mutter geben müsse, was ich zunächst vehement ablehnte. Er begründete seine Feststellung damit, dass eine solche Verbundenheit unbedingt da sein müsse, wenn eine Seele bereit ist, sich selbst so etwas anzutun, um mir diesen Lernstoff zu servieren.

Es dauerte ein paar Tage, bis ich Zugang zu dieser Sichtweise finden konnte, aber als ich den dann gefunden hatte, konnte ich verzeihen und Frieden schließen. Ja, ich konnte sogar danke für alles sagen.

Also überlegen Sie bitte einen Moment, was Ihr Lebenslernstoff sein könnte, was Ihnen serviert wurde. Überlegen Sie einmal, in welchen Problemen Sie immer wieder stecken und was Sie nur schwer in den Griff bekommen.

Solche Lebenslernthemen zu erkennen bedeutet zwar noch nicht deren Lösung, macht es aber ein wenig leichter, bewusst daran zu arbeiten.

Unser Unterbewusstsein besitzt die umwerfende Intelligenz eines Schuhkartons.

Was in diesem Schuhkarton mehrheitlich gesammelt wurde, wird automatisch zur Wahrheit erhoben. Ist dort z.B. mehrheitlich gespeichert, dass wir nichts wert sind und dass wir es nie zu etwas bringen werden, dann ist dies für das Unterbewusstsein die unumstößliche Wahrheit. Das Unterbewusstsein stellt eine einmal gefundene Wahrheit niemals in Frage.

Lobt uns nun jemand und sagt, wie großartig wir dies oder jenes gemacht haben, und meint dazu, dass wir es noch weit bringen werden, dann können wir so etwas in keiner Weise annehmen und fragen uns lediglich, was der wohl im Schilde führt, dass er solchen Unfug redet?

Das Gleiche gilt, wenn uns jemand etwas schenken will, und sei es nur einen simplen Blumenstrauß, eine Flasche Wein oder sonst etwas. Uns etwas schenken – warum denn das – was will denn der?

Mit diesem „Was will denn der?" beginnt dann automatisch das Blockadespielchen unseres Unterbewusstseins, das uns selbstverständlich in höchst edler Absicht vor Schaden bewahren will. Wir verschließen uns, wir wehren ab, wir gehen aus dem Weg, wir ziehen uns zurück. Unsere Festung bleibt uneinnehmbar, unsere Wahrheit unangetastet.

Nun kommt noch etwas Erschwerendes hinzu. So, wie der vermeintliche Angriff konsequent abgewehrt wurde, so wird im Gegenzug unseren scheinbaren Wahrheiten alles hinzugefügt, was den einmal gefundenen Standort untermauern könnte. Lässt uns jemand deutlich spüren, dass er nicht viel von uns hält (objektiv oder subjektiv), dann nimmt unser Unterbewusstsein dies bereitwillig an und fügt es der einmal gefundenen Wahrheit hinzu, die dadurch natürlich immer mächtiger wird.

Eine einmal entstandene Wahrheit wird fortwährend ausgebaut, wogegen alles, was diese Wahrheit in Frage stellen könnte, fortwährend abgewehrt wird. Der anfängliche Schneeball wird zur alles erdrückenden Lawine.

Nun sind das recht einfache Beispiele, die ich hier angeführt habe, aber die darin deutlich gewordenen Mechanismen sind immer und überall gleich – im Größten wie im Kleinsten.

Das heißt, eine Änderung unserer Verhaltensstrukturen ist letztlich nur durch eine Umwandlung der Aufzeichnungen unseres Unterbewusstseins möglich.

Eine direkte Umwandlung bereits erfolgter Speicherungen ist aber leider nicht möglich. Wir können bereits Gespeichertes nicht nachträglich umwandeln. Aber wir können ganz bewusst neue und gegensätzliche Speicherungen hinzufügen und damit die alten Speicherungen mit der Zeit überlagern und wirkungslos machen. Wenn ich einem bisher zehnmaligen Nein ein fünfzehnfaches Ja hinzufüge, wird das Ja zur Wahrheit.

Diese neuen und gegenteiligen Speicherungen können aber immer nur in kleinen Schritten erfolgen, oder sie werden gnadenlos bekämpft.

Der Fehler, den die meisten Menschen machen, ist, dass sie zu große Schritte wagen und dann daran scheitern. Der an sich völlig intelligenzlose Schuhkarton unseres Unterbewusstseins kann bei der Bekämpfung zu stark gegenteiligen und damit gefährlichen Wahrheiten eine Schlitzohrigkeit entwickeln, der wir meist machtlos gegenüberstehen. Es zieht dabei wirklich alle Register. Je heftiger wir einen Angriff auf die bestehenden Strukturen wagen, desto heftiger die Abwehr.

Im Prinzip können wir unserem Unterbewusstsein nur mit der gleichen Schlitzohrigkeit begegnen, die es selbst an den Tag legt. Jeder versuchte Kraftakt, jedes verbissene Wollen führt zu Misserfolgen.

Wir können unsere Schritte in eine neue Richtung nur so leise, unauffällig und bedächtig gehen, dass sich unser Unterbewusstsein nicht gleich provoziert fühlt. Wenn Sie z.B. Angst haben, können Sie sich nicht dazu zwingen, keine Angst zu haben. Im Gegenteil, in dem Maße, wie Sie sich einreden, keine Angst zu haben, und sich zu etwas zwingen, wird die Angst anwachsen.

Bei unserer Arbeit ist es natürlich wichtig, dass wir unseren Widersacher, der sich ja als unser Freund und Beschützer fühlt und uns vor Schlimmem bewahren will, sehr genau studieren. Wir brauchen eine Übersicht über sein Archiv, und bei der Schaffung einer solchen Analyse möchte ich Sie im nächsten Kapitel begleiten.

Gerade die Steine, die uns
in den Weg gelegt werden, sind die
wichtigsten Bausteine unseres Lebens.
Wir können daran wachsen
oder wir können daran zerbrechen.

Galan

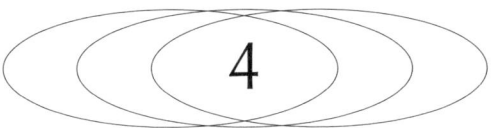

Die Bestandsaufnahme

Was wir hier vorhaben, ist natürlich keine Analyse, die strengen wissenschaftlichen Kriterien genügen würde, wenn eine solche Analyse bei einem Menschen überhaupt möglich und obendrein auch noch sinnvoll wäre.

Jeder Mensch ist – mit Ausnahme seiner körperlichen Funktionen – ein absolutes Unikat. Nichts ist wiederholbar, nichts ist deckungsgleich mit einem anderen Menschen.

Man hat tiefergehende Analysen in der von Sigmund Freud entwickelten Psychoanalyse praktiziert. Ein Verfahren, das in der Regel über mehrere Jahre lief und an dessen Ende man zwar recht zuverlässig wusste, wo und wie man sich ein Problem eingefangen hatte, aber der Lösung dieses Problems war man gleichzeitig nicht näher gekommen.

Die Anhänger der Psychoanalyse mögen mir diese grobe Vereinfachung bitte wohlwollend verzeihen. Viele Wege führen nach Rom, und niemand kann den allein richtigen Weg für sich beanspruchen. Es gibt heute Techniken, wie z.B. die Psychokinesiologie von Dr. med. Dietrich Klinghardt, die relativ schnell zu brauchbaren Ergebnissen führen und sich nicht nur auf eine Analyse beschränken, sondern gleichzeitig auch in Richtung einer Heilung wirksam sind.

Im Gegensatz zu solchen und ähnlichen Verfahren, die in jedem Fall in die Hände von fachlich kompetenten Therapeuten gehören, ist das, was ich Ihnen hier vorschlage, etwas, was Sie jederzeit selbst praktizieren können, wenn Sie absolut ehrlich zu sich sind!

Wenn Sie nichts beschönigen oder etwas geradebiegen wollen, was krumm ist, nichts weglassen, was Sie lieber nicht bei sich sehen möchten, und nichts hinzufügen, was Sie dort gerne sehen möchten.

Sie hätten dadurch nichts von Ihrer Arbeit, sondern sich lediglich selbst betrogen. Kein Vorwurf, irgendwie neigen wir alle zu solch kleinen Manipulationen, wenn es um unser Selbstbild geht: Das ist doch gar nicht so schlimm – andere haben doch auch . . . und gerade in dieser schweren Zeit . . . usw.

Bitte beginnen Sie Ihre persönliche Bestandsaufnahme mit einer ganz einfachen Auflistung Ihrer Eigenschaften. Verzeihung, es sind ja gar nicht „Ihre Eigenschaften", es sind lediglich die Eigenschaften der Figur, in der Sie im Moment agieren. Sie sollten sich dies immer wieder bewusstmachen:

*Ich bin nicht dieser Körper,
ich habe diesen Körper.*

Schauen Sie bei Ihrer Arbeit von außen auf diese Figur so, wie Sie auf einen anderen Menschen schauen würden. Stellen Sie einen gewissen Abstand her und behalten Sie diesen Abstand unter allen Umständen bei. Bleiben Sie auf jeden Fall auf Distanz, bleiben Sie in der Position eines neutralen Beobachters, soweit dies natürlich überhaupt möglich ist.

Nennen Sie diese Figur z.B. mit dem Vornamen, den man Ihnen gegeben hat, Franz, Erna oder wie auch immer Sie heißen. Sie sind weder Franz noch Erna.

Sie sind das unbegrenzte, geistige Wesen, das durch diesen Körper handelt und sichtbar wird.

Sie sind der Chef im Ring. So sollte es jedenfalls sein – leider ist es meist umgekehrt, aber das möchten Sie dann ja sicher ändern.

Was Sie jetzt auflisten, sind also ausschließlich die Eigenschaften des Franz oder der Erna, und Sie wollen einige dieser Eigenschaften, die möglicherweise Ihre Lebensqualität stark beeinflussen, ändern. Sie haben das Recht dazu. Nur Sie haben das Recht dazu. Sie sind der Hausherr.

Sie müssen nicht so sein, wie andere denken, dass Sie sein sollten. Es ist ganz allein Ihr Leben!

Jeder Tag, an dem Sie versucht haben, den Ansprüchen anderer gerecht zu werden, und dabei Ihre eigenen Bedürfnisse zurückgestellt haben, war kein wirklich guter Tag für Sie. Ihre Bedürfnisse haben zumindest

43

den gleichen Anspruch auf Verwirklichung wie die Bedürfnisse anderer. Liebe deinen Nächsten *wie dich selbst!* Also nicht mehr als dich selbst.

Sie sind kein Servicemensch, dessen Aufgabe darin besteht ausschließlich anderen zu dienen. Dienen Sie zumindest ebenso sich selbst.

In diesem Sinne haben Sie die Pflicht, zunächst einmal dafür zu sorgen, dass es Ihnen gut geht. Denn nur, wenn es Ihnen gut geht, können Sie andere an Ihrem Gutgehen teilhaben lassen.

Nur wer etwas hat, kann etwas geben,
und wer reichlich hat,
der kann auch reichlich geben.

Wenn Sie dagegen nichts haben, werden Sie vom Gebenden zum Nehmenden. Also alles zu geben, wie man so oft und leicht selbstglorifizierend hört, ist nicht unbedingt das klügste Verhalten. Behalten Sie in jedem Fall noch genügend für sich! Sie dürfen nicht nur, Sie müssen – und zwar dringend!

Ich erlebe immer wieder Menschen, die mir sagen, dass sie nur zufrieden sein können, wenn z.B. in ihrer Familie alle zufrieden sind. Dass sie doch unmöglich glücklich sein können, solange jemand anders unglücklich ist. Sie empfinden dann ihr eigenes Glücklichsein als nahezu ungerecht. Na, dann bleiben Sie eben unglücklich, wenn Sie das für vernünftiger halten, aber wem helfen Sie damit? Sie vermehren lediglich die Zahl der Unglücklichen.

Die Unglücklichen
werden ebenso wenig aussterben,
wie die Glücklichen aussterben werden.

Es kommt allein darauf an, welche Seite Sie ganz bewusst für sich wählen. Familie, Freundeskreis, Nachbarschaft, Stadt oder Land machen lediglich in der Anzahl der Fälle einen Unterschied. Überall wird beides zu finden sein. Auch hier ist wiederum die Polarität der Schöpfung erkennbar. Sie können diese Polarität nicht einfach abschaffen und erreichen, dass alle glücklich sind. Dies wäre lediglich eine völlig illusorische Schwärmerei.

Aber gehen wir zurück zu unserer Selbstanalyse. Ich hoffe, Sie sind mir nicht böse, wenn ich hier und da einmal einen kleinen Abstecher mache. Das Kapitel der Selbstanalyse ist ein an sich ziemlich trockener Stoff.

Nehmen Sie zu Ihrer ganz persönlichen Bestandsaufnahme zunächst einmal ein einfaches Blatt Kopier-Papier und teilen Sie es durch zwei senkrechte Linien in drei Spalten auf. Beginnen Sie dann einzelne Eigenschaften, die Ihnen zu Franz oder Erna einfallen, mit einem einzigen Wort, z.B. kreativ, faul, leichtsinnig, treu, redselig usw., untereinander in die erste Spalte einzutragen. Sie brauchen dazu kein System. Tragen Sic die Begriffe so spontan ein, wie Sie Ihnen in den Sinn kommen. Wenn die erste Spalte voll ist, gehen Sie zur nächsten Spalte über.

Das Eintragen eines einzigen Wortes in die Spalten erleichtert Ihnen das anschließende Sortieren. Würden Sie alle Begriffe hintereinander schreiben oder gar ganze Sätze bilden, hätten Sie keine gute Übersicht. Dazu ein kurzes Beispiel:

korrekt	aufgeschlossen	fleißig
leichtsinnig	nachtragend	treu
traurig	eifersüchtig	ehrgeizig
ängstlich	faul	humorvoll
fröhlich	liebebedürftig	mitfühlend
....	....	....
....	....	....
....	....	....

usw.

Dies sind natürlich nur einige beispielhafte Stichworte. Ihre Liste dürfte beträchtlich länger ausfallen, und schreiben Sie bitte auch das hinein, was Sie lieber nicht hinschreiben würden. Es geht zunächst um eine völlig wertfreie Bestandsaufnahme, und die müssen Sie ja niemandem zeigen. Es gibt bei dieser Auflistung weder gut noch schlecht, weder lieb noch böse. *Es gibt, das ist alles!*

Wenn Sie das Gefühl haben, dass Sie fertig sind, legen Sie die Liste zunächst einmal weg und schauen Sie sie später noch einmal an. Es wird Ihnen mit Sicherheit noch dies oder jenes dazu einfallen, auch am nächsten Tag noch.

Wenn Sie wollen, fragen Sie auch einmal Ihnen nahstehende Menschen danach, welche Eigenschaften diese bei Ihnen sehen. Aber nehmen Sie das nicht allzu ernst, jeder sieht Sie anders, und natürlich sieht er zunächst einmal das, was er von Ihnen hat. Auch dessen sollten Sie sich bewusst sein.

Auch scheinbar Widersprüchliches sollten Sie aufschreiben. Fröhlich und traurig z.b., oder faul und fleißig. Niemand ist ausschließlich dies oder jenes. In bestimmten Situationen kann Ihr Franz oder Ihre Erna ganz unterschiedlich reagieren. Wenn Sie allerdings feststellen müssen, dass Ihr Franz oder Ihre Erna ausschließlich traurig sind, bedürfen Sie fachlicher Hilfe, um sie aus dieser Einbahnstraße herauszuführen.

Wenn Sie mit Ihrer Liste fertig sind, beginnen Sie mit einem ersten Sortieren. Stellen Sie fest, welche Begriffe zueinander passen könnten. Stellen Sie fest, welche Begriffe eine Gruppe bilden könnten, die unter einen gemeinsamen Oberbegriff passen. Z.B. der Feigling, die Angepasste, der sterbende Schwan, der Träumer, Aschenputtel, Mr. oder Mrs. Präsident usw.

Markieren Sie solch zueinander passende Begriffe zunächst mit verschiedenen Zeichen oder Farben und schreiben Sie sie dann in einer neuen Liste gruppenweise untereinander.

Dabei sollten Sie dann auf maximal fünf bis höchstens sechs Gruppen kommen. Sind es mehr, müssen Sie erneut zuordnen. Mehr als fünf bis sechs Gruppen – und damit ja auch fünf bis sechs unterschiedliche Persönlichkeitsanteile – kann ein Mensch nicht verkraften oder er würde sich am Rande einer Schizophrenie befinden.

Je mehr gegensätzliche Gruppen Sie bilden müssten, desto zerrissener wäre Ihre Persönlichkeitsstruktur. Je weniger Gruppen Sie bilden können, desto gefestigter wäre Ihre Persönlichkeitsstruktur.

Aber auch dies ist nicht unbedingt ein Werturteil. Man kann auch durchaus in den falschen Dingen gefestigt sein. Hier zwei Beispiele möglicher Gruppen:

Der Angsthase	*Der General*
traurig, ängstlich	*beherrschend*
kränklich, schwach	*dominierend*
hysterisch, unsicher	*dynamisch, schnell*
mitleidheischend	*kreativ, zielstrebig*

Die Auflistung, die Sie jetzt erstellt haben, erhebt natürlich keinen wissenschaftlichen Anspruch und stellt lediglich eine erste persönliche Orientierungshilfe dar, in der aber immerhin fünfundachtzig bis über neunzig Prozent Ihrer Persönlichkeitsstruktur offenkundig werden, und darauf lässt sich dann durchaus für die weitere Arbeit aufbauen.

Wenn Sie etwas ändern wollen – sei es, dass Sie bestimmte Eigenschaften aufbauen und einige Schwachstellen abbauen wollen – brauchen Sie zumindest einigermaßen Klarheit über das, was Sie da ändern wollen. Der alleinige Beschluss, dass es so nicht weitergehen soll oder kann, reicht nicht aus.

Wenn Sie das Recht des Hausherrn in Ihrem Körper wahrnehmen wollen, brauchen Sie Einsicht in jeden dunklen Winkel, oder die Mäuse tanzen bei Ihnen auf dem Tisch herum. Gibt es bei Ihnen schon solche Tanzflächen, wo sich etwas ungehindert austobt? Nur Sie wissen die Antwort.

Die Gruppen, die Sie auf diesem Weg erarbeitet haben, sind nichts anderes als unterschiedliche Anteile Ihrer Gesamt-Persönlichkeitsstruktur.

Dabei gibt es sehr gewichtige und auch weniger wichtige Gruppen. Aber auch hier sollten Sie sich wieder bewusstmachen, dass diese Strukturen

48

lediglich das Ergebnis der Erfahrungen und Konditionierungen Ihres Franz oder Ihrer Erna sind.

Diese Gruppen sind lediglich aus der Gesamtsumme der Aufzeichnungen Ihres Unterbewusstseins – von Ihrer Zeugung bis jetzt – entstanden.

Was dort aufgezeichnet wurde, ist für Ihren Franz oder Ihre Erna die erlebte Wahrheit. Was in diesen Aufzeichnungen nicht vorkommt, ist für Franz oder Erna weder denkbar noch machbar und wird somit in jedem Fall als eine Gefahr eingestuft, die es zu vermeiden gilt.

Diese Aufzeichnungen sind wie die Software eines Computers. Der Computer kann immer nur das ausführen, was die Software hergibt. Was in dieser Software nicht vorhanden ist, kann der Computer nicht ausführen. Es sei denn, Sie fügen neue Software-Elemente hinzu, und das ist am Ende genau das, was wir vorhaben.

Wie gesagt, die Aufzeichnungen betreffen immer nur Ihren Franz oder Ihre Erna, die sind in Ihren Aufzeichnungen gefangen. Aber Sie, das unbegrenzte, geistige Wesen in diesem Körper, können ganz gezielt neue Wahrheiten hinzufügen und damit alte Wahrheiten abbauen. Dabei werden Sie natürlich zunächst auf den massiven Widerstand von Franz oder Erna stoßen, die Sie in bester Absicht vor solch gefährlichen Experimenten schützen wollen. Schließlich haben die ja erfahren . . .

Das Bild einer solchen Gesamt-Persönlichkeitsstruktur möchte ich Ihnen einmal an folgendem Beispiel verdeutlichen:

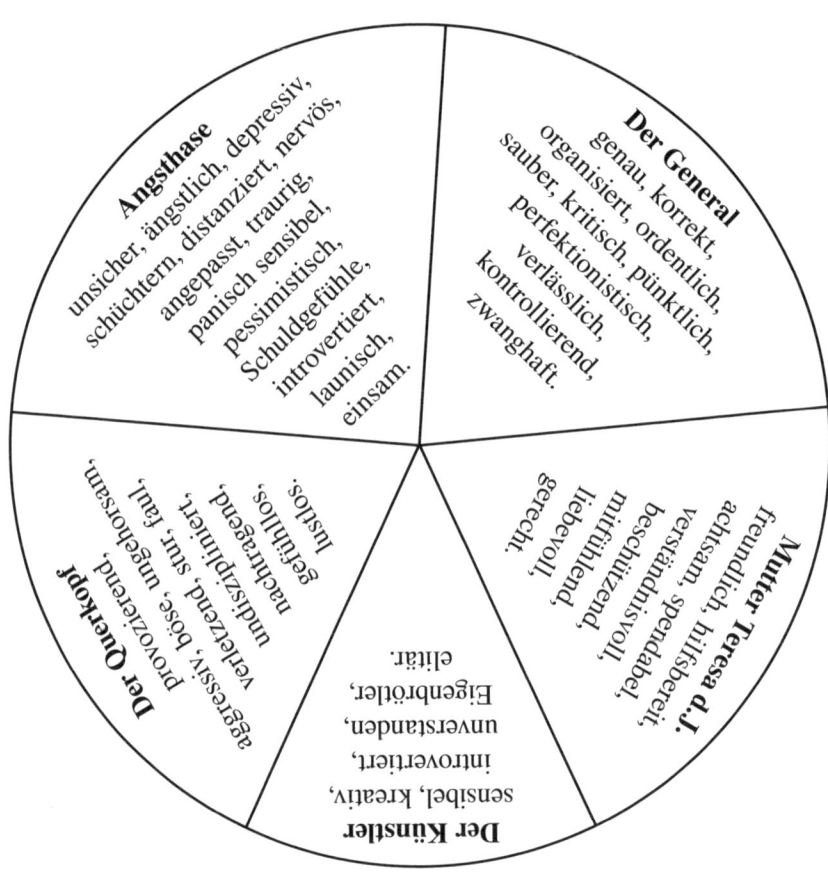

Wenn wir diesen Kreis, den wir wie einen Kuchen aufgeteilt haben, einmal als Symbol für einen Menschen sehen, dann besteht dieser Mensch also nicht aus einer einförmigen grauen Masse, er kann sehr unterschiedliche Facetten zeigen: mal größer, mal kleiner, mal gewichtiger, mal unbedeutender, mal fördernd, mal behindernd. Auf jeden Fall ist jeder Mensch in seiner Struktur absolut einmalig. Kein Mensch ist mit einem anderen Menschen völlig identisch, wobei Ähnlichkeiten und annähernde Gleichheiten natürlich nicht ausgeschlossen sind.

Abhängig davon, in welcher Situation oder zu welcher Tageszeit wir einem Menschen begegnen, sehen wir immer nur eine seiner möglichen Facetten. Wir können niemals ganz in ihn hineinschauen, wir können ihn niemals ganz durchschauen, wir können immer nur augenblicklich auf ihn draufschauen. Wir kommen damit immer nur zu einer Momentaufnahme.

Es kann sein, dass wir um 11.30 Uhr einem fröhlichen und aufgeschlossenen Menschen begegnen und uns der gleiche Mensch einige Stunden später bedrückt und niedergeschlagen gegenübertritt. Was passiert ist, wissen wir nicht, und meist weiß es der Betroffene nicht einmal selbst. Nur selten waren es wirklich einschneidende Ereignisse wie Unfälle, grobe Beleidigungen, ungerechte Behandlungen oder dergleichen, die einen solchen Wandel bewirkten.

Oft war es nur irgendein Gedanke, der wie aus dem Nichts kam, irgendeine Empfindung, irgendeine subjektive Wahrnehmung oder eine Bemerkung, die jemand machte und damit automatisch eine Speicherung seines Unterbewusstseins aktivierte, die dann zur geschilderten Umschaltung führte.

Wenn wir solche Schaltkreise nicht durchschauen, wenn bei uns nicht sofort alle Warnlampen angehen, wenn wir uns von etwas berührt fühlen, werden wir derartige Reaktionen nicht in den Griff bekommen.

Es hat uns – statt dass wir es haben!
Es geht mit uns um,
statt dass wir damit umgehen!

Wenn Sie noch einmal das Bild 1 betrachten und sich die unterschiedlichen Felder bewusst anschauen, dann sehen Sie, welche Stimmungsumschwünge bei einem Menschen möglich sind. Wenn immer wir jemandem begegnen, begegnen wir ihm in einem dieser Felder, in einem seiner Persönlichkeitsanteile. Er bewegt sich gerade in der Rolle des Generals, fühlt sich als Mutter Teresa d. J. oder zieht sich als unverstandener Künstler hinter alle zur Verfügung stehenden Hecken und Schutzzäune zurück. Im krassesten Fall erleben wir die totale Verweigerung eines Querkopfes, dem in diesem Augenblick so ziemlich alles egal ist.

Mehr Varianten sind im wahrsten Sinne des Wortes bei diesem Menschen nicht drin. Niemand kann sich plötzlich ein ganz neues Verhaltensmuster zulegen. Vielleicht gelingt es ihm mit aller Anstrengung für einige Minuten oder Stunden, aber dann fällt er wieder automatisch in einen seiner Persönlichkeitsanteile zurück.

Natürlich habe ich die Eigenschaften in diesen Beispielen ein wenig überzeichnet, um Ihnen die Mechanismen deutlich zu machen. Nicht immer sind die Anteile so konträr, wie ich sie hier aufgezeichnet habe, aber Schwankungen von himmelhoch jauchzend bis zu Tode betrübt sind gar nicht so selten.

Sind solche Schwankungen nur kurzfristige Episoden, ist dem keine größere Bedeutung beizumessen. Man könnte es den wechselnden Umständen des Lebens zuordnen, nach denen nichts so bleibt, wie es ist. Handelt es sich um längere Perioden, die dazu noch mit einiger Regelmäßigkeit auftreten, könnte es sich um einen manisch-depressiven Menschen handeln, was dann unbedingt einer fachlichen Behandlung bedürfen würde.

Bei einem anderen Menschen können wir sein unterschiedliches Verhalten immer nur von außen beobachten. Bei uns selbst jedoch können wir solche Vorgänge von innen heraus betrachten.

Wir, das unbegrenzte, geistige Wesen, unser ICH BIN, das diesen Körper z.Zt. bewohnt, können sehr genau beobachten, wie unser Franz oder unsere Erna agiert oder reagiert.

Aber um dies beobachten zu können, dürfen wir uns nicht vereinnahmen lassen, wir müssen Abstand behalten, wir müssen in der Beobachterposition bleiben. Dazu sollten wir so etwas wie einen undurchdringbaren Schutzring um uns herum ziehen. In welcher Rolle sich Franz oder Erna auch gerade austoben, wir bleiben draußen, wir stehen nicht zur Verfügung. Wir beobachten, nehmen zur Kenntnis, wundern uns vielleicht sogar, aber identifizieren uns in keinem Fall mit deren Treiben. Auch das möchte ich Ihnen in einem Bild verdeutlichen:

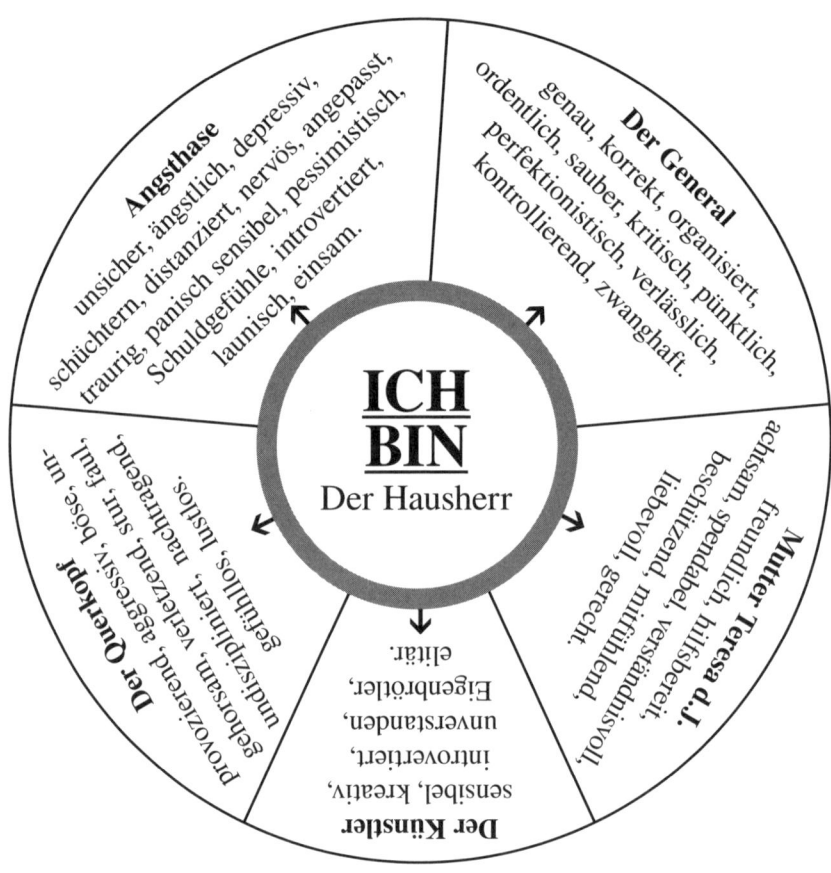

Wir sind der Hausherr, wir sind die Mitte, wir bestimmen, wo es lang geht, wir sind das unbegrenzte, geistige Wesen, das diesen Körper vorübergehend als Wohnung angenommen hat und ihn lebendig macht. Nur wir können von innen heraus auf das Treiben unserer Figur, auf das Treiben unseres Franz oder unserer Erna schauen. Alle anderen sehen und erleben von außen immer nur den gerade dominanten Teil.

Aber unser Beobachten und Draufschauen muss nicht unbedingt passiv bleiben. Ganz im Gegenteil! Wir können selbstverständlich eingreifen, wir können korrigieren, können andere Wege aufzeigen. Wir sind der Hausherr, wir bestimmen, wo es lang geht.

Es wäre schade, wenn wir am Ende unseres Lebens feststellen müssen, dass wir unsere Hausherrenschaft nie genutzt haben, dass nicht wir mit Franz oder Erna umgegangen sind, dass vielmehr sie es waren, die mit uns umgegangen sind.

Eigentlich waren wir doch angetreten, um die mit dieser Figur verbundene Aufgabenstellung zu lösen. Allein deshalb hatten wir doch die Mühen einer menschlichen Inkarnation auf uns genommen. Wir wollten lernen, wir wollten doch weiterkommen.

Aber bitte keine Panik, wenn Sie nun feststellen müssen, dass Sie bisher alles andere als ein Hausherr waren und Ihren Franz oder Ihre Erna noch keineswegs in den Griff bekommen haben. In dem Fall fangen Sie einfach *jetzt und auf der Stelle* damit an.

Der erste und wichtigste Schritt:

Schließen Sie Freundschaft mit Franz oder Erna, bekämpfen Sie sie nicht. Jeglicher Kampf verhärtet die Fronten, und das ist genau das, was Sie nicht gebrauchen können.

Bilden Sie eine Arbeitsgemeinschaft und keine Kampfgemeinschaft. Bauen Sie Verständnis füreinander auf. Sie wollen doch Frieden und nicht Unfrieden.

Franz oder Erna wollen Ihnen ja nichts Böses. Ganz im Gegenteil, sie wollen Sie schützen. Sie wollen Sie vor etwas bewahren, zu dem sie keine Erfahrungsmuster sammeln konnten oder das ihren bisherigen Erfahrungen sogar total entgegensteht.

Franz oder Erna wollen Sie aus ihrer begrenzten Sicht vor etwas schützen, vor dem Sie, das unbegrenzte, geistige Wesen, gar nicht geschützt werden wollen.

Sie haben einfach nur eine unterschiedliche Sicht der Dinge. Ihre Aufgabe besteht nun darin, Ihren Widersachern dies scheibchenweise klar zu machen, ihnen die Angst vor dem Unbekannten zu nehmen und sich ihrer Sichtweise langsam anzunähern.

Betrachten Sie dazu bitte noch einmal das Bild II der beispielhaft aufgezeichneten Persönlichkeitsstruktur. Wie Sie sehen, habe ich um das Zentrum unseres ICH BIN so etwas wie einen Schutzkreis gelegt. Wir, das unbegrenzte geistige ICH BIN, ziehen uns in unsere Schutzburg zurück und beobachten von hier aus das Treiben von Franz oder Erna. Wir bleiben dabei immer auf Distanz und lassen uns nicht vereinnahmen.

Die einzelnen Persönlichkeitsanteile von Franz oder Erna haben die äußerst unangenehme Eigenschaft, uns vereinnahmen zu wollen, uns aus unserer Mitte herausziehen zu wollen. Wenn schon traurig, dann auch wirklich traurig. Wenn schon Präsident, dann auf allen Ebenen Präsident.

Franz und Erna möchten ihre jeweiligen Spielchen auch zu unserer Wahrheit machen.

Solche Vereinnahmungen müssen wir unter allen Umständen verhindern. Ich kann das nicht oft genug sagen, auch wenn Sie meinen, das doch nun schon lange verstanden zu haben. Aus meiner Praxis weiß ich, dass dies einer der schwierigsten und gleichzeitig auch entscheidende Punkte ist.

Machen wir uns immer wieder bewusst: Wir, das unbegrenzte, geistige ICH BIN, das göttliche Element in diesem Körper, können z.b. gar nicht traurig, krank oder einsam sein, oder auch Gott müsste dies alles sein können.

Wir, das unbegrenzte, geistige ICH BIN, sind eine Manifestation der göttlichen Ursubstanz. Wir sind in Gott. Franz oder Erna dagegen sind in den Verstrickungen ihres begrenzten, irdischen Egos verhaftet.

Haben wir also Verständnis. Reichen wir ihnen die Hand. Helfen wir ihnen, wie wir einem Kind helfen würden, das z.b. Angst hat, in den Keller zu gehen. Wir wissen, dass diese Angst völlig unbegründet ist, nur das Kind weiß es nicht. Es lebt in einer anderen Wahrheit. Wenn wir seine Wahrheit korrigieren wollen, brauchen wir Zugang zu diesem Kind, und den erreichen wir nur, indem es uns vertraut und sich öffnet.

Wenn wir es beschimpfen, wenn wir unser Unverständnis signalisieren, wenn wir es zwingen wollen, wird es sich hingegen immer mehr verschließen, und wir bekommen keinen Zugang.

Du musst die Dinge lieben,
die du ändern willst.

Der Unfug der Aufforderung „Du musst nur stark genug wollen" dürfte damit wohl endgültig widerlegt sein. Aber lassen wir jedem Menschen seinen Weg. Wenn jemand Spaß daran hat, jeden Tag in den Kampf zu ziehen – und manche reden sogar vom täglichen Lebenskampf –, dann mag er es eben tun.

Kämpfen Sie nicht – spielen Sie, das ist wesentlich angenehmer und macht zudem noch Spaß.

Für die Leser, die noch etwas weitergehen wollen, möchte ich das beispielhaft gewählte Bild einer Persönlichkeitsstruktur noch einer weiteren Betrachtung unterziehen. Wir können in solchen Darstellungen noch etwas mehr als nur die unterschiedlichen Persönlichkeitsanteile erkennen. Wir können darin auch so etwas wie ein Lebens- oder manchmal auch so etwas wie ein Überlebensmodell erkennen.

In unserem Beispiel sehen wir, dass der Anteil, den wir als Angsthase bezeichnet haben, eine sehr starke Bedeutung hat. Wenn wir dann einen solchen Anteil genauer analysieren, wenn wir hinterfragen, wie und wodurch diese Problematik entstanden ist, dann landen wir früher oder später immer in der frühen Kindheit eines Menschen. In meiner Praxis häufen sich immer mehr die Fälle, in denen Menschen in ihrer Kindheit z.B. die so wichtige Erfahrung des Urvertrauens nicht mitbekommen haben.

Urvertrauen: Ich bin richtig, ich habe meinen Platz, ich werde geliebt, ich werde geführt, ich werde geschützt, ich werde getragen, ich werde erhalten. Nichts geschieht gegen mich. Ich kann mich einfach fallen lassen, alles ist in bester Ordnung. Es wird immer da sein, was ich brauche, und was nicht da ist, brauche ich auch nicht, oder es wäre da.

Wenn die Basis eines solchen Urvertrauens nicht erfahren wurde, wenn ein Kind auf der mentalen Ebene abgelehnt wurde, wenn es mehr als Unglück und Belastung empfunden wurde – für eine alleinerziehende Mutter z.B. –, dann können sich daraus Strukturen entwickeln, die dem Bild des Angsthasen in unserer Darstellung weitgehend entsprechen.

Ich erinnere noch einmal daran, dass das Unterbewusstsein eines Menschen bereits ab den frühesten Lebensstadien aufzeichnet. Ein Kind nimmt bereits im Mutterleib an allen Stimmungen, Ängsten, Befürchtungen, Zweifeln und Zukunftsängsten seiner Mutter teil.

Das Fundament ist in einem solchen Fall mehr als brüchig. Mit einem solch brüchigen Fundament kann man eigentlich nicht leben, und so entwickelt der Mensch mit der Zeit ein Rollenspiel, das dieses brüchige Fundament überdeckt.

Dies alles geschieht keineswegs bewusst, dies ist kein bewusster Plan. Es sind vielmehr die Schutzmechanismen des Unterbewusstseins, die die Schwachstelle schützen, um tief erlebte schmerzhafte Verletzungen in Zukunft zu vermeiden.

Und so ist es durchaus möglich, dass mit der Zeit – wie in unserem Beispiel – die unangreifbare Rolle des Generals entsteht. Alles ist korrekt, bestens organisiert, ordentlich und sauber. Ein solcher Mensch neigt in dieser Rolle zum Perfektionismus, kontrolliert bis zur Zwanghaftigkeit, muss alle Fäden in der Hand behalten und kann keinen Augenblick loslassen. Durchaus verständlich, denn Loslassen würde ja ein Mindestmaß an Urvertrauen voraussetzen. Dieser Typ General ist meist in einem beruflichen Umfeld zu finden. Hier macht er sich unangreifbar, hier sichert er alles ab.

Im mehr privaten und zwischenmenschlichen Bereich lässt die Abwesenheit von Urvertrauen meist den Typ der „Mutter Teresa d.J." entstehen. Auch dadurch wird man irgendwie unangreifbar, wird das schwache Fundament überdeckt. Seht her, ich bin doch in Ordnung und man kann mich doch lieb haben, ich helfe doch, wo ich kann, und bin immer für alle da, habe immer für alle Verständnis und will nichts für mich.

59

Da aber beide unbewusst aufgebauten Rollenspiele in keiner Weise dem brüchigen Fundament entsprechen, ihnen damit die Selbstverständlichkeit fehlt und sie mehr oder weniger die Funktion von Schutzmechanismen haben, ist deren Aufrechterhaltung sehr kraft- und energiezehrend.

Der Mensch läuft mit der Zeit leer, der Mensch nimmt eine Auszeit. Er kann nicht mehr, es ist ihm dann so ziemlich alles egal. Der sonst so Duldsame und Leidensfähige wird aggressiv, undiszipliniert, verletzend, provozierend usw. In unserem Beispiel der Querkopf.

Ein durchaus gesundendes Ventil, wenn nicht der gleiche Kreislauf schon bald wieder Fahrt aufnehmen würde. Nach einer kurzen Auszeit reißt sich der Mensch erneut zusammen, rappelt sich erneut auf und schlüpft wieder in sein gewohntes Rollenspiel. Die Software gibt nichts anderes her. Das einmal gefundene Überlebensmodell kann ohne Hilfe nicht umgeworfen werden.

Mit zunehmendem Alter und damit einhergehendem Energieabbau werden dann die Abstände zwischen Auf und Ab immer kürzer und die Ausschläge immer drastischer. Am Ende bleibt dann als Schlupfwinkel nur noch die Rolle des ewig unverstandenen, sensiblen und eigenbrötlerischen Künstlers, den die Welt nicht versteht.

Nun muss ich eindringlich davor warnen, jedem Menschen, der in etwa der beispielhaft aufgezeichneten Teilpersönlichkeit unseres Generals entspricht, ein mangelndes Urvertrauen zu unterstellen. Ebenso ist nicht jeder fürsorgliche, hilfsbereite und beschützende Mensch jemand, der mit dieser Rolle etwas anderes überdecken will.

Damit würde man es sich zu einfach machen. Um zu einer wirklich fundierten Erkenntnis zu kommen, ist ein hohes Maß an therapeutischer

Erfahrung notwendig, und am gefährlichsten ist dabei ein Halbwissen, das bereits für Wissen gehalten wird.

Also schauen Sie mit dem, was ich hier ausgeführt habe, auf Ihren Franz oder Ihre Erna, und vielleicht kennen Sie sie in unserem Beispiel in dem einen oder anderen Punkt sogar wieder. Aber versuchen Sie nicht mit diesem beschränkten Wissen andere Menschen zu klassifizieren. Es war lediglich als eine Hilfe zur Selbstanalyse gedacht – nicht mehr und nicht weniger.

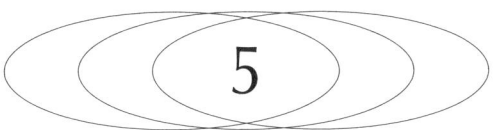

Der Beginn der Teamarbeit

Sie und Ihre Erna, Ihr Franz, Ihr Wolfgang, Ihre Herta oder welchen Vornamen man Ihnen auch immer gegeben hat, können zu einem starken und schlagkräftigen Team heranwachsen oder sich für den Rest des Lebens gegenseitig im Wege stehen.

Dies liegt allein an Ihrem Innenverhältnis.

Dies liegt allein an Ihrer inneren Führung.

Dies liegt allein daran, wer in diesem Team die Führungsarbeit übernimmt.

Bleiben Sie in den Begrenzungen von Erna und Franz verhaftet, kann sich nicht viel ändern. Schaffen Sie dagegen den Führungswechsel auf die unbegrenzte Ebene, bringen Sie eine ganz neue Dimension in Ihr Leben.

Noch einmal: Für Franz und Erna sind die Aufzeichnungen Ihres Unterbewusstseins – ausgehend von ihrer Zeugung bis jetzt – die einzig erlebten
und damit unantastbaren Wahrheiten. Aus diesen begrenzten Wahrheiten
ist jene Persönlichkeitsstruktur entstanden, wie wir sie beispielhaft im
vorhergehenden Kapitel erarbeitet haben.

*Es ist die Struktur der begrenzten Ebene Ihres Franz oder Ihrer Erna,
aber es ist nicht Ihre Struktur.*

Überlassen Sie nun die Führung weiterhin Franz oder Erna, wird sich
an Ihrem Umfeld und den damit verbundenen Lebensumständen nichts
ändern – woher auch? Im Gegenteil werden sich die einmal gefundenen
Wahrheiten und die daraus resultierenden Persönlichkeitsstrukturen immer weiter verhärten.

Ihr Unterbewusstsein addiert fleißig
hinzu, was zu seinen einmal gefundenen Wahrheiten
passt, und versucht
konsequent alles zu blockieren,
was diesen Wahrheiten widerspricht.

Wie wir bereits festgestellt haben, nicht in böser Absicht, sondern allein,
um möglichen Schaden zu verhindern. Dieser mögliche Schaden existiert
natürlich nur aus der Sicht der begrenzten Ebene. Franz oder Erna wollen
Situationen, die sie als schmerzhaft oder negativ erlebt und gespeichert
haben, nicht noch einmal erleben. Schließlich haben sie ihre Erfahrungen
nicht umsonst gemacht.

Wenn nun Sie, das unbegrenzte, geistige Wesen, der Hausherr in diesem
Körper, die Führung übernehmen wollen, dann können Sie dies nur in

Kooperation mit Franz oder Erna erfolgreich gestalten, aber niemals in Konfrontation zu Franz oder Erna.

Ihr Unterbewusstsein ist so mächtig,
dass es Sie schlichtweg lahmlegen wird,
wenn Sie zu weit gehen.

Ich möchte dies an folgendem Beispiel etwas deutlicher machen: Eine Dame, die ich betreute, hatte große Schwierigkeiten, vor einer Gruppe von Menschen – z.B. in einer Konferenz – aufzustehen und ein paar Worte zu reden. Wenn sie aufstand oder den Arm hob und alle sie dann erwartungsvoll ansahen, schwand ihr der Boden unter den Füßen. Sie lief rot an und brachte keinen vernünftigen Satz mehr zustande.

Da sie aber dabei war, eine beachtliche Karriere auf der mittleren Managementebene zurückzulegen, wurden solche Situationen immer unvermeidbarer und raubten ihr regelmäßig die Nachtruhe, wenn sie am nächsten Tag bevorstanden, was sie dann natürlich nicht unbedingt besser machte.

Fachlich war sie unschlagbar und konnte ihre Ansichten auch mit Nachdruck verteidigen, aber lieber in E-Mails und Telefonaten, nur bitte nicht vor versammelter Mannschaft, nur bitte nicht, wenn alle sie ansahen.

Der Hintergrund: In ihrer Kindheit hatte ihr sehr dominanter Vater ihr beigebracht, den Mund zu halten, wenn Erwachsene redeten, und nur dann etwas zu sagen, wenn sie ganz sicher sei, dass man sie auch verstehen könne, denn ihr unsortiertes Gebrabbel gehe ihm auf den Nerv.

Auch die Mutter hatte es immer vorgezogen, den Mund zu halten, um nicht in die Schusslinie des autoritären Vaters zu geraten. Mutter und Tochter blieben aus Sicherheitsgründen sozusagen sprachlos.

Dadurch war im Unterbewusstsein der Dame eine Speicherung entstanden, wonach es eine Gefahr bedeutete, etwas zu sagen, wenn eine Autorität – oder was immer man dafür hielt – anwesend war. Ein Gremium von Kollegen oder gar Vorgesetzten war in diesem Sinne natürlich eine solche Autorität.

Wie immer bei solchen Problemstellungen war auch hier nur ein schrittweiser Umbau möglich. Von jetzt auf gleich aufzustehen und problemfrei ein paar gescheite Sätze zu sprechen, bleibt in solchen Situationen ein leider unerfüllbarer Wunschtraum.

So, wie die scheinbaren Wahrheiten schrittweise entstanden sind, so können wir sie auch nur schrittweise wieder abbauen und durch neue Wahrheiten ersetzen.

Ein paar Sätze beim sommerlichen Nachbarschaftsfest z.B., ein paar Sätze in der Elternversammlung des Kindergartens, der Schulklasse, der Eigentümerversammlung eines Wohnobjekts, der Mitgliederversammlung des Tennisklubs, der Versammlung einer Partei usw. sind in diesem Sinne bestens geeignete Trainingssituationen.

Sie, das unbegrenzte, geistige Wesen, der Hausherr in Ihrem Körper, sollten solche Trainingssituationen BEWUSST SUCHEN. Ihr Franz oder Ihre Erna hingegen wollen solche Situationen BEWUSST VERMEIDEN.

Dies wird zunächst einmal der Dauerkonflikt sein, an dem Sie zu arbeiten haben. Wenn Sie die dabei notwendige Kooperation der beiden Ebenen nicht schaffen, werden Sie unausweichlich Schiffbruch erleiden. Eine Kooperation aber schaffen Sie nur, wenn Sie einen für Franz oder Erna gerade noch gangbaren Schritt wählen. Sie können einen überzeugten Vegetarier nicht dazu bringen, gleich ein ganzes Spanferkel zu verzehren und es vielleicht auch noch selbst zu schlachten

Also fangen Sie Ihre Übungen nicht gerade in der Partei an, dort gibt es sicher schlagfertigere Parteifreunde als Sie, und die werden Sie gnadenlos auflaufen lassen. Üben Sie im Kindergarten. Dies ist keinesfalls herablassend gemeint. Die Gesetzmäßigkeiten in einem Kindergarten sind die gleichen wie in einer Parteiversammlung. Garantiert! Wenn Sie das nicht glauben können, beobachten Sie doch einfach einmal eine Parteiversammlung.

Also . . .

1. *Gehen Sie in die Beobachterposition.*

2. *Reden Sie mit Franz oder Erna.*

3. *Verhandeln Sie – liebevoll, verständnisvoll.*

4. *Stellen Sie klar, dass im Kindergarten keine Gefahr droht.*

5. *Bieten Sie zur Beruhigung ein paar Mustersätze an.*

6. *Setzen Sie ein Zeitlimit von maximal zwei Minuten.*

7. *Erklären Sie, dass andere Mütter, mit denen Sie schon geredet haben, Sie unterstützen werden usw.*

Natürlich soll das, was ich Ihnen hier anbiete, nur eine Technik aufzeigen, die Sie immer und überall und bei jeder Problemstellung anwenden können. Man könnte es als ein System der Deeskalation bezeichnen.

Nehmen Sie Ihrem Franz
oder Ihrer Erna die Angst.
Nehmen Sie die Brisanz aus dem,
was Sie vorhaben, und machen Sie damit den Schritt
für Ihr Unterbewusstsein gerade noch gangbar.

Es ist Franz oder Ernas Angst, es ist nicht Ihre Angst.

Erklären Sie eine Angst oder ein Problem niemals zu Ihrem Eigentum, indem Sie z.B. von „Ihrer Angst" oder „Ihrem Problem" sprechen. Ihr Unterbewusstsein gibt Ihr somit erklärtes Eigentum dann leider auch nicht mehr so leicht her.

Erst wenn Sie den Schritt, den Sie sich mit dieser Technik vorgenommen haben, erfolgreich hinter sich gebracht haben, können Sie den nächstgrößeren Schritt wagen. Scheitern Sie an einem zu großen Schritt, verstärken Sie damit das Problem. Sie haben sich selbst den Beweis geliefert, dass es wirklich nicht geht, obwohl Sie doch ganz fest gewollt und alles versucht haben.

Ein Misserfolg ist das Allerletzte, was Sie gebrauchen können! Er
wirft Sie zurück!

Wenn wir gesagt haben, dass scheinbare Wahrheiten nur auf dem gleichen Weg zu löschen sind, wie sie entstanden sind, so heißt dies nicht, dass Sie dazu nun auch wieder einen gleich langen Zeitraum benötigen. Was zu einem problematischen Persönlichkeitsanteil angewachsen ist, entstand in Ihrer bisherigen Lebensspanne ja mehr oder weniger zufällig – durch eigene Erfahrungen oder durch Konditionierungen von außen.

Wenn Sie nun ganz gezielt und bewusst an einer Problematik arbeiten, können Sie die angestrebte Umwandlung im Zeitraffertempo schaffen.

Aber dies bedingt Ihre volle Aufmerksamkeit. Dies bedingt Ihre unablässige Beobachtung des Denkens, Fühlens und Handelns von Franz oder Erna und eine liebe- und verständnisvolle Führung Ihrerseits, des unbegrenzten, geistigen Wesens, des Hausherrn in diesem begrenzten Körper. Dies ist das, was ich in diesem Kapitel als Teamarbeit bezeichne.

Es geht nicht gegeneinander, es geht nur miteinander.

Viele Menschen scheitern trotz aller Kraftanstrengungen. Es ist keine Frage des Kraftaufwands, es ist keine Frage des Kämpfens, es ist allein eine Frage der Aufmerksamkeit und der richtigen Technik.

Nun habe ich hier das Beispiel einer Redeblockade gewählt, es gäbe unzählige andere Beispiele. Probleme in der Sexualität, Probleme im zwischenmenschlichen Bereich, mangelndes Urvertrauen und daraus resultierendes mangelndes Selbstvertrauen z.B. Worin auch immer die Problematik besteht, Sie können sie nur abbauen, indem Sie ganz bewusst und in wohldosierten Schritten in die problematischen Situationen hineingehen, und dies geht leider nur praktisch und nicht theoretisch.

Sie können sich z.B. hundertmal vorstellen, wie eine Situation sein wird, und Ihr Verhalten zuhause sogar vor dem Spiegel üben – es wird Ihnen nichts nützen. Sie können eine auf Sie zukommende Situation hundertmal durchdenken und sich sogar entsprechende Antworten zurechtlegen – es wird Ihnen nichts nützen. Ganz im Gegenteil!

Aber warum nun ganz im Gegenteil? Wenn die Situation, auf die Sie sich so gründlich vorbereitet haben, dann tatsächlich eintritt, wird sie ganz anders ablaufen, als Sie sie vorausgeplant haben. Das kann ich Ihnen mit an Sicherheit grenzender Wahrscheinlichkeit garantieren.

Da Sie sich in Ihrer Vorbereitung aber auf einen ganz bestimmten Ablauf fixiert haben, stehen Sie nun relativ unflexibel da. Der nicht vorhergesehene Ablauf führt z.B. jede mühsam zurechtgelegte Verteidigung oder Rechtfertigung mehr in die Komik, als dass sie irgendwie hilfreich sein könnte. Sie stehen im wahrsten Sinne des Wortes völlig daneben.

Die nunmehr notwendige Umschaltung gelingt Ihnen nicht so schnell, da Sie ja ohnehin unsicher waren. Sie sind zunächst total blockiert und hinterher vergrößern Sie den Schaden noch dadurch, dass Sie auch noch wütend auf sich sind. Sie hatten sich doch alles so fest vorgenommen.

Nun sage ich immer wieder: „Gehen Sie in die Trennung, signalisieren Sie Verständnis, reden Sie mit Franz oder Erna, handeln Sie den nächsten Schritt aus und überfordern Sie sie nicht".

Aber wie sieht so etwas in der Praxis aus?

1. *Trennung:* Was ich damit meine, dürfte inzwischen klar sein. Sie werden sich Ihres wahren Seins bewusst und schauen mit dem nötigen Abstand auf das Treiben von Franz oder Erna. Schauen Sie dazu noch

einmal die Abbildung an, in der Ihr wahres ICH BIN als Zentrum im Kreis der unterschiedlichen Persönlichkeitsanteile dargestellt ist. Sie, das Zentrum, können von innen heraus beobachten, was in Franz oder Erna vorgeht, und Sie können dies auch von innen heraus beeinflussen. Nur Sie! Niemand anders kann dies.

2. *Verständnis:* Signalisieren Sie, dass Sie Ihren Franz oder Ihre Erna verstehen. „Schätzchen, ich verstehe dich, ich weiß, dass du das nicht möchtest, ich weiß, dass du davor Angst hast." **Liebevoll!** Schließlich wissen Sie, das Franz oder Erna sich nicht aus Sturheit verweigern, sie haben schmerzhafte Erfahrungen gemacht und wollen Sie nun vor neuerlichen Erfahrungen der gleichen Art bewahren. Durchaus nachvollziehbar – oder?

3. *Reden:* Wenn immer Sie können, reden Sie tatsächlich physisch mit Franz oder Erna, und denken Sie nicht nur abstrakt. Wenn Sie reden, sind mehr Sinne involviert. Sie müssen exakt formulieren, Sie müssen sprechen und hören sich dabei. Das ist weitaus kraftvoller als jede theoretische Übung. Sie führen auch keine Selbstgespräche, wie man so etwas oberflächlich bezeichnen könnte. Sie reden nicht mit sich selbst, Sie reden mit Franz oder Erna. Sie führen so etwas wie eine interne Teambesprechung.

4. *Der nächste Schritt:* Verhandeln Sie den nächsten Schritt. „Ich weiß, dass du . . . aber ich möchte, dass wir diesen kleinen Schritt jetzt einmal versuchen, und ich helfe dir dabei." Was auch immer der Schritt ist, den Franz oder Erna freiwillig nicht gehen möchten, er muss gerade noch überschaubar sein. Wenn Franz oder Erna in Panik geraten, haben Sie nicht die geringste Chance, und jedes Scheitern bedeutet eine Verhärtung der alten Muster. „Wir haben ja alles versucht . . . aber leider."

Wenn Ihnen das alles zu anstrengend ist, fangen Sie es gar nicht erst an. Mit halber Kraft und so dann und wann mal werden Sie nichts bewegen. Dazu sind die alten Muster zu stark.

Das, was ich Ihnen hier nahebringe, ist ja eine totale Umkehr von dem, was Sie bisher gelernt haben – oder richtiger gesagt – zu dem Sie bisher konditioniert wurden.

Wir haben gelernt, dass es wichtig ist, wie wir dastehen, wie wir von anderen gesehen werden, wie wir ankommen, ob man uns schätzt oder nicht schätzt und was wir so alles vorzuweisen haben. Was uns so alles gehört oder nicht gehört, unsere gesellschaftliche Stellung, das Ansehen unseres Berufs, der Familie, der Firma usw.

Dies alles ist nichts anderes als das Ego-Gerümpel der begrenzten Ebene.

Wir haben gelernt, uns mit unserem begrenzten Außenbild zu identifizieren. Wir haben gelernt, unser ICH mit der Ebene unseres Franz oder unserer Erna zu identifizieren. Schließlich sind wir ja wer, schließlich haben wir es ja zu etwas gebracht – so oder so.

Und nun kommt dieser Matt Galan Abend und will uns davon überzeugen, dass wir das alles in Wahrheit gar nicht sind, dass es sich dabei nur um das Ergebnis unserer begrenzten Erfahrungen und Konditionierungen handelt und wir ganz anders wären, wenn wir z.B. nach unserer Geburt vertauscht und bei anderen Eltern groß geworden wären. Er hält unser mühsam erkämpftes Selbstbild für so etwas wie ein Muster ohne Wert. Wer ist dieser seltsame Schreiberling eigentlich? (Gut gebrüllt, Ego)

Ein solcher Wechsel gelingt niemals von heut auf morgen und Ihr Ego-Ich wird sofort alle Einwände zur Hand haben:

Sollen wir auf all das verzichten, was wir uns so mühevoll aufgebaut haben? Geht es uns dann eigentlich besser oder eher schlechter? Was soll es überhaupt nützen, wenn wir das so machen und alle anderen nicht? Werden wir dann nicht zum milde belächelten Außenseiter?

Ich möchte diese möglichen Fragen und Einwände der Reihe nach beantworten.

1. ***Welchen Sinn soll so etwas eigentlich haben?*** Nun, in der zweiten Abbildung der Persönlichkeitsstruktur habe ich versucht deutlich zu machen, dass die einzelnen Teilpersönlichkeiten immer versuchen werden, uns aus unserer Mitte herauszuziehen und gänzlich zu vereinnahmen. Um 11.30 Uhr noch Angsthase und um 18.30 Uhr General und zur vorgerückten Stunde und mit Hilfe des dazugehörenden Alkohols dann vielleicht sogar Hofnarr. Alle mögen uns, alle lachen über uns, alle sind froh, dass wir da sind. Wenn wir die Technik des Draufschauens beherrschen und solche Ausschläge vermeiden, wird unser Leben etwas weniger anstrengend. Wir ruhen in unserer Mitte, und Glück, Freude und Zufriedenheit bekommen mehr Beständigkeit und Tiefgang. Wie ich aus eigener Erfahrung bestätigen kann, ein sehr lohnenswertes Ziel. Aber lassen Sie sich davon nicht beeinflussen, Sie ganz alleine setzen die Maßstäbe in Ihrem Leben. Von meinen Erfahrungen haben Sie nichts.

2. ***Sollen wir auf all das verzichten, was wir uns so mühevoll aufgebaut haben?*** Keineswegs – ganz im Gegenteil! Leben Sie in der Fülle der Schöpfung, beanspruchen Sie diese Fülle für sich, aber sehen Sie diese Fülle nicht nur in der begrenzten Materie. Haben Sie Besitz,

aber lassen Sie sich nicht besitzen. Haben Sie ein gutes Ansehen, werden Sie gemocht, werden Sie vielleicht sogar bewundert, aber verwechseln Sie dies alles nicht mit Ihrem Ich. Der, der Sie heute bewundert, wird Sie vielleicht morgen beschimpfen. Nehmen Sie zur Kenntnis, wenn etwas so ist, und nehmen Sie es ebenso zur Kenntnis, wenn etwas nicht so ist. Es ist nur das äußere Bild, das Menschen von Ihnen haben, und diese Bilder sind ebenso wechselhaft, wie die Menschen selbst wechselhaft sind. Bleiben Sie in Ihrer Mitte! Magst du mich – schön, magst du mich nicht – schön!

3. ***Geht es uns dann eigentlich besser oder eher schlechter?*** Wird das Leben dann nicht irgendwie fad, wenn uns das alles nicht mehr so berührt und wir mehr oder weniger zum Beobachter werden? Eine Frage, die mir sehr oft gestellt wird. Glauben Sie mir, das, was Sie da beobachten, einschließlich des Verhaltens Ihres Franz oder Ihrer Erna, ist weitaus spannender, als ein Krimi es jemals sein könnte. Kein Autor besitzt die Phantasie, sich solche Tricks und Hinterhältigkeiten einfallen zu lassen, wie sie Ihnen nun täglich offenbar werden, und das ist alles andere als fad. Nun beginnen Sie zu leben, statt gelebt zu werden. Nun haben Sie die Dinge in der Hand, statt dass die Dinge Sie in der Hand haben.

> *Das Leben um Sie herum*
> *können Sie nicht ändern.*
> *Sie können nur Ihren Umgang*
> *damit ändern.*

Werden Sie nicht zum Weltverbesserer.

Sie können die Welt nicht ändern. Sie hätten nicht einmal das Recht dazu.

Sie können andere Menschen nicht ändern. Auch dazu hätten Sie kein Recht.

Sie können nur sich selbst ändern, und dazu haben Sie jedes Recht.

Nutzen Sie es – jetzt!

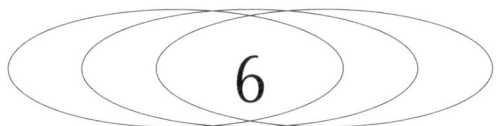

Das Umfeld mit anderen Augen sehen

So, wie Sie Ihren Franz oder Ihre Erna intern mit dem nötigen Abstand beobachten, so können Sie extern natürlich auch Ihr gesamtes Umfeld unter die Lupe nehmen.

Das Prinzip bleibt dabei das gleiche, nur der Kuchen ist nun etwas größer geworden. Was sich bei der ersten Betrachtung innerhalb Ihrer eigenen Person abspielte, verteilt sich nunmehr auf verschiedene Personen oder vielleicht auch ganze Personengruppen Ihres Umfelds, das persönliche Umfeld z.B. in der Familie, Ihr Freundeskreis, Nachbarschaft, das berufliche Umfeld, das Umfeld Ihrer Freizeitaktivitäten usw.

Sicher entdecken Sie auch hier irgendwo den sterbenden Schwan, den General, Mutter Teresa d. J., den Angsthasen, den Künstler usw., um bei den Beispielen unserer Musteranalyse zu bleiben. Die Rollenspiele, die innerhalb einer Person natürlich noch relativ begrenzt waren, sind nun – auf Ihr gesamtes Umfeld bezogen – nahezu unbegrenzt.

Wenn Sie Ihr Umfeld einmal bewusst beobachten und die einzelnen Rollenspiele der beteiligten Personen analysieren, können Sie Ihren Fernseher ruhig abmelden. Das Programm, das Ihnen auf diesem Weg geboten wird, ist in der Regel weitaus interessanter und vielseitiger. Aber Sie müssen schon bewusst hinschauen.

Kein Berufsschauspieler würde so überzeugend agieren können, wie wenn z.b. Mutter sich wieder einmal ans Herz greift, weil die Familie sie aufgeregt hat und ja leider niemand Rücksicht auf sie nimmt. Der dabei vollzogene, tiefstes Leid und Verzweiflung verkündende Augenaufschlag stempelt das Umfeld sofort zu rücksichtslosen Tätern, die dann schuldbewusst endlich Ruhe geben oder ihrerseits mit gegenseitigen Schuldzuweisungen beginnen: „Du hast doch angefangen . . .“

Betrachten Sie die Personen Ihres Umfelds trotzdem mit Wohlwollen und geben Sie jeder dieser Personen einen Namen, der ihr typisches Verhalten möglichst genau ausdrückt, so, wie wir es mit den eigenen Persönlichkeitsanteilen gemacht haben. Aber auch hier bitte „liebevoll“.

Auch die Menschen Ihres Umfeldes sind nichts anderes als die Summe von deren eigenen Erfahrungen und Konditionierungen. Sie haben sich ihr „So-Sein“ nicht freiwillig in einem Katalog ausgesucht. Allerdings hat die Betrachtung Ihres Umfelds einen entscheidend anderen Ausgang als die Betrachtung Ihrer eigenen Persönlichkeitsstruktur.

Während Sie Ihre eigenen Persönlichkeitsanteile beobachtet haben, um gewisse Dinge zu ändern oder umzuformen, so haben Sie dieses Recht bei den Personen Ihres Umfelds nicht.

Es sei denn, jemand würde Sie fragen und um Ihre Meinung und Ihre Hilfe bitten, wie es z.B. in meinem Beruf der Fall ist. Die Menschen, die zu mir kommen, möchten, dass ich ihnen helfe, sich aus ihren Verstrickungen zu befreien. Ungefragt und ungebeten würde ich niemals eingreifen, und glauben Sie mir, dies verlangt nicht selten eiserne Selbstdisziplin.

Unendlich viel Streit und Zwist entstehen durch ungebetene Ratgeber und Erzieher. Sie mischen sich in das Leben anderer Menschen ein, ohne dazu die geringste Berechtigung zu haben. Sie wissen alles und jedes besser, wissen, was man tut und was man nicht tut, wie man zu sein hat, auf keinen Fall sein darf usw. Sie fühlen sich im Besitz der Wahrheit. Aber auch ihre Wahrheit ist nur eine relative Wahrheit, die wiederum ausschließlich aus ihren Aufzeichnungen und Konditionierungen entstanden ist.

Jeder Mensch hat das Recht,
so zu sein, wie er ist.
SIE AUCH!

Aber wie oft machen wir anderen Menschen dieses so elementare Recht streitig, und wie oft wird uns dieses Recht von anderen Menschen streitig gemacht?

Wenn ich sage, dass jeder Mensch das Recht hat, so zu sein, wie er ist, dann hat dieses Recht natürlich auch seine ganz klaren Grenzen. Die Grenze beginnt da, wo wir in das Recht eines anderen Menschen eingreifen, um unser Recht oder unsere Bedürfnisse durchzusetzen.

Schauen Sie sich in diesem Sinne z.B. mal die Rollenverteilung in einem engen Familienkreis an. Oft gibt es z.B. Eltern, die noch immer in das Leben ihrer längst erwachsenen Kinder hineinregieren wollen, gibt es auch hier Leithirsche, die das Verhalten des gesamten Rudels bestimmen wollen und alles und jeden ablehnen, der ihren Vorstellungen nicht entspricht. Es würde mich sehr wundern, wenn Sie Derartiges nicht entdecken würden.

Wenn Sie dann Ihren Beobachtungskreis immer weiter ausdehnen, werden Sie die gleiche Problematik, werden Sie die gleichen Rollenspiele auf allen Ebenen wiederfinden. Überall möchte irgendwer den Ton angeben und seine Wahrheit zur allgemein gültigen Wahrheit erheben. Natürlich erwartet er dabei ganz selbstverständlich, dass alle anderen in sein Lied einstimmen. Schließlich ist er im Besitz der Wahrheit.

Für mich ist es dabei immer wieder erstaunlich festzustellen, wie viele Menschen es gibt, die nahezu nach einem solchen Vorsänger suchen und dann freiwillig in sein Lied einstimmen. Ich hoffe, Sie gehören nicht dazu oder haben zumindest beschlossen, nicht mehr dazuzugehören. Bei diesem Vorhaben helfe ich Ihnen natürlich sehr gerne.

Wenn wir uns unseres wahren Seins bewusst sind, wenn wir in jedem Menschen und in jedem Lebewesen eine Manifestation der gleichen göttlichen Urquelle sehen, können wir uns nur gegenseitig so annehmen, wie wir sind.

Gott hat einen großen Zoo.
Dieser Zoo wird erst durch die
Vielfältigkeit seiner Bewohner
so interessant.

Niemand hat mehr oder weniger Rechte, niemand steht höher oder niedriger, niemand ist mehr wert oder unwert, oder wir selbst ordnen ihm ein solches Mehr oder Weniger zu.

Wir haben alle den gleichen Ursprung, wir sind alle auf dem gleichen Weg. Auf diesem Weg stehen wir lediglich an einer jeweils anderen Stelle. Dies ist der einzige Unterschied.

Nun versuchen Sie bitte nicht, Ihren Chef gleich morgen mit dieser Weisheit zu konfrontieren, wenn er Ihnen z.B. eine Anweisung gibt, wie Sie etwas zu machen haben. So etwas könnte leicht schiefgehen.

In einem solchen Fall haben Sie Ihr Recht, so zu sein, wie Sie sind, gegen Honorar – sprich Gehalt – teilweise und vorübergehend abgetreten. Ich sage bewusst teilweise und vorübergehend, denn wenn Ihnen die Eingriffe zu weit gehen, haben Sie natürlich das Recht, sich etwas anderes zu suchen. Sie müssen und dürfen sich nicht vergewaltigen lassen. Auch hier gibt es eine klare Grenze.

Natürlich kommen jetzt sofort die Einwände, dass das in unserer heutigen Zeit ja wohl nicht so leicht ist. Dass man doch nicht einfach etwas aufgeben kann, wenn es einem nicht passt. Vollkommen richtig, und dies gilt für alle Bereiche des Lebens bis hin zur Partnerschaft zweier Menschen. Einfach aufgeben ist nicht die Lösung.

Versuchen wir doch zunächst einmal unsere Schwierigkeiten in den Griff zu bekommen, lernen wir daraus, nutzen wir die Wachstumschance, die mit der Bewältigung jeder Schwierigkeit verbunden ist. Dabei hilft uns dann wieder die Technik des Draufschauens, wie ich sie Ihnen bisher vermittelt habe. Was geht da unserem Franz oder unserer Erna gegen den Strich? Warum haben sie Schwierigkeiten damit? Wie können wir ihnen helfen?

Wenn Sie dann noch die Klara oder den Wolfgang erkennen, die bei Ihrem Gegenüber am Werke sind, dann haben Sie immerhin schon eine tragfähige Arbeitsplattform.

Wenn das aber alles nichts hilft und ein Problem Sie auszuzehren beginnt, müssen Sie die Notbremse ziehen und aussteigen. Es hat keinen Sinn, sich aufzuopfern, bis zum Umfallen durchzuhalten und alles in sich hineinzufressen, bis dann der Krebs von innen frisst.

Auf den Nachruf, dass sie immer für alle da waren und immer nur das Wohl der anderen im Auge hatten, sollten Sie lieber verzichten. Ihr eigenes Wohl hätten Sie zumindest genauso im Auge behalten soll, ja, Sie hätten sogar die Pflicht dazu gehabt.

Nur wenn es uns gut geht,
können wir andere an unserem
Gutgehen teilhaben lassen.
Nur wenn wir etwas haben,
können wir etwas geben.

Ich habe dies an anderer Stelle und auch schon in anderen Büchern von mir gesagt, erlebe aber immer wieder, dass gerade die Akzeptanz solch einfacher Mechanismen oft die allergrößten Schwierigkeiten bereitet. Also verzeihen Sie mir meine Hartnäckigkeit. Viele halten so etwas für einen unstatthaften Egoismus. „Wie kann ich es mir denn gut gehen lassen, wenn andere Menschen leiden?"

Ja, gerade weil so viele Menschen leiden, müssen Sie dafür sorgen, dass es Ihnen gut geht, damit Sie dann davon etwas abgeben können. Wenn Sie dagegen nur mitleiden, vergrößern Sie das Leid. Einer oder eine mehr leidet nun mit. Welchen Sinn soll das haben?

Haben Sie Mitgefühl, versuchen Sie zu helfen, aber leiden Sie nicht
mit. Es gibt schon genug Leidende.

Ja, natürlich hat das etwas mit Egoismus zu tun. Aber es ist ein für jedes Geschöpf absolut gesunder und lebensnotwendiger Egoismus, ohne den es auf Dauer nicht existieren kann. Ein Mensch, der nicht dafür sorgt, dass es ihm gut geht, schadet nicht nur sich selbst, sondern wird mit der Zeit zur Belastung für sein Umfeld. Seine mangelnde Selbstfürsorge führt über kurz oder lang dahin, dass nun andere für ihn sorgen müssen.

Egoismus ist nur dann unstatthaft, wenn er zu Lasten anderer geht.

Aber wem schade ich damit, wenn ich dafür sorge, dass es mir gut geht? In der Regel muss ich doch dazu niemandem etwas wegnehmen.

Auch dazu möchte ich ein Beispiel aus meiner Praxis anführen: Eine achtundvierzigjährige, unverheiratete Frau litt sehr unter dem Herrschaftsanspruch ihres pflegebedürftigen Vaters, der wohl ganz selbstverständlich davon ausging, dass sie ihm vierundzwanzig Stunden am Tag zur Verfügung zu stehen hatte. Wann immer er einen Wunsch hatte, musste sie bereitstehen. Schließlich finanzierte er ja ihr gemeinsames Leben, würde obendrein noch eine beträchtliche Erbschaft hinterlassen, und eine eigene Familie hatte seine Tochter ja ohnehin nicht – und wozu hat man schließlich Kinder?

Ein Eigenleben der Frau, die Verfolgung eigener Interessen wurde ihr unter diesen Umständen nahezu unmöglich gemacht. Wenn sie einmal für ein paar Stunden aus dem Haus ging, musste sie das anschließend wieder büßen, denn in der Zwischenzeit hatte er so viel angestellt, dass sie genügend Arbeit damit hatte, das alles wieder in Ordnung zu bringen. Eine gewisse Bosheit in seinen Handlungen war unverkennbar. Einmal hatte er sogar wegen einer Lappalie den Notarzt gerufen, wohl nur, um zu demonstrieren, wie alleingelassen er von seiner verantwortungslosen Tochter war.

Wer setzte also in diesem Fall seinen Egoismus zu Lasten des anderen durch? Der Vater, der seine Tochter ganz für sich beanspruchte, oder die Tochter, die den pflegebedürftigen Vater gelegentlich alleine ließ, um ihren eigenen Interessen nachzugehen?

Wenn wir uns noch einmal bewusstmachen, dass jeder Mensch das Recht hat, so zu sein, wie er ist, dass jeder Mensch das Recht auf sein Leben hat, dann versuchte hier der Vater sein Recht zu Lasten seiner Tochter in rücksichtsloser Weise durchzusetzen. Dagegen musste sich die Tochter wehren, wozu sie aber in ihrer materiellen Abhängigkeit den Mut alleine nicht aufbringen konnte.

Ich empfahl in diesem Fall zunächst einmal die Erstellung eines Termin- und Arbeitsplans, wie er für jeden Arbeitnehmer üblich ist. Es sollten Dienstzeiten ebenso wie Freizeiten festgelegt werden, wobei natürlich eine gewisse Flexibilität möglich sein sollte. Natürlich rief dies den erbitterten Widerstand des Vaters hervor, der daraufhin der Ansicht war, dann ja seine Tochter nicht mehr zu brauchen, sich ebenso eine Haushälterin einstellen zu können, was ihm obendrein noch billiger kommen würde.

Als mir die Tochter dies am Telefon berichtete, empfahl ich ihr, sofort eine Vermittlungsstelle für Hauspersonal anzurufen, die verschiedene Bewerberinnen zu ihrem Vater schicken sollte. Um die einzelnen Damen und deren Gespräche mit dem Vater sollte sie sich dabei in keiner Weise kümmern. Das Beste wäre es, wenn sie zu solchen Zeiten nicht einmal im Hause wäre.

Sie erschrak bei diesem Gedanken und fühlte sich alles andere als wohl bei meinem Vorschlag. Aber ich konnte ihr irgendwie die Kraft vermitteln durchzuhalten.

Die Erfahrungen, die der Vater nun machte, waren so heilsam, dass er danach ohne weiteres Murren den Termin- und Arbeitsplan seiner Tochter akzeptierte. Ja, es wurde sogar ein Urlaub der Tochter eingeplant, in dem der Vater vorübergehend in einer Pflegeeinrichtung betreut werden sollte.

Warum erzähle ich Ihnen diese Geschichte? Nun, es genügt nicht zu wissen, dass wir das Recht auf unser „So-Sein" und unser Leben haben, wir müssen auch den Mut dazu haben, es durchzusetzen. Wir müssen lernen, Grenzen da zu ziehen, wo jemand anders seine Grenzen zu unseren Lasten überschreitet.

Wir selbst sind der Schlüssel zu unseren Lebensumständen.

Dabei erinnere ich noch einmal an die auch in solchen Fällen so notwendige interne Teamarbeit.

Angst und Sorgen hat immer nur die begrenzte Ebene unseres Franz oder unserer Erna. Unser wahres ICH, das unbegrenzte, geistige Wesen, der Hausherr in diesem Körper, kennt keine Angst, oder auch Gott müsste Angst haben können, denn wir sind eine Manifestation dieser göttlichen Urquelle.

Also helfen wir Franz oder Erna, ihre Angst schrittweise zu überwinden – *mit liebevollem Verständnis.*

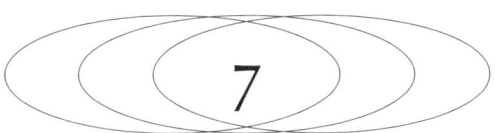

7

Wir leben hier und jetzt.

**Wenn Sie wollen, dass es Ihnen ab sofort
immer gut geht, sorgen Sie dafür,
dass es Ihnen „jetzt" gut geht, und
bleiben Sie dann von jetzt zu jetzt dabei.**

*Ein einfacheres oder sogar wirkungsvolleres Rezept kann ich Ihnen
nicht anbieten.*

Wenn es Ihnen zu einfach erscheint und Sie unbedingt für morgen und
übermorgen vorsorgen müssen oder dies oder jenes noch brauchen würden, damit es Ihnen überhaupt erst gut gehen könnte, werden Sie den
angestrebten Zustand wohl kaum erreichen.

Sie kommen einfach nicht an – schließlich müssen Sie ja erst noch . . .
morgen . . . übermorgen . . .

Sie leben jetzt, Sie leben nicht morgen oder übermorgen. Ja, Sie wissen nicht einmal, ob Sie morgen, übermorgen oder in zwei Monaten überhaupt noch leben. Zwar spricht in der Regel eine gewisse Wahrscheinlichkeit dafür, aber wissen können Sie es nicht.

Es gibt nur das Hier und Jetzt, und dieses Hier und Jetzt ist exakt der Moment, in dem Sie jetzt leben. Vergangenheit und Zukunft sind lediglich theoretische Begriffe.

Die Vergangenheit ist unser Begriff für die abgelaufenen Hier und Jetzt, und als Zukunft bezeichnen wir die kommenden Hier und Jetzt. Beides, Vergangenheit und Zukunft, sind aber in dem Moment, in dem wir jetzt leben, nicht existent.

Also tun wir doch gut daran, unsere ganze Energie und Aufmerksamkeit auf das zu konzentrieren, was existiert, und nicht auf das, was einmal existiert hat oder demnächst vielleicht existieren wird.

Bitte, verstehen Sie das nicht falsch. Dies ist ein absoluter Grundsatz, und solche Grundsätze bedingen immer eine flexible Handhabung oder erweisen sich in der Praxis eher als hinderlich statt förderlich. Natürlich können wir die Zukunft nicht ganz außer Acht lassen.

Aber es genügt schon, wenn Sie es z.B. schaffen, zu achtzig bis fünfundachtzig Prozent im Hier und Jetzt zu sein. Damit leben Sie bereits nach diesem Grundsatz. Wenn Sie aber feststellen müssen, dass Ihr Leben im Hier und Jetzt vielleicht nur unter fünfzig Prozent liegt und Sie sich mehr mit Vergangenheit und Zukunft beschäftigen, leben Sie diesen Grundsatz leider nicht. Sie zersplittern damit Ihr Potenzial und fahren mit halber Kraft.

Das möchte ich Ihnen wie folgt erklären: Mit allem, was sich in unserem Kopf und auch in unserer Gefühlswelt bewegt, alle Vorstellungen, Erwartungen, Sorgen, unser Glaube, unsere Befürchtungen usw., senden wir eine geistige Energie aus, die nach Umsetzung sucht. Es sind geistige Ursachensetzungen. Die Schöpfung ist geistig. Geist ist die Ursache aller Materie, Geist steht über Materie.

Wenn ich nun den größten Teil meiner Energie in etwas investiere, das gar nicht vorhanden ist, in Vergangenheit oder Zukunft, dann fehlt mir diese Energie da, wo ich sie mit Sicherheit nutzbringender anwenden könnte, im Hier und Jetzt.

Es ist ein gewaltiger Unterschied, ob ich das Hier und Jetzt mit unter fünfzig Prozent meiner Energie zu meistern versuche, weil ich mit dem Rest auf Reisen bin, oder ob ich hier und jetzt über achtzig Prozent zur Verfügung habe.

Die Korrektur der Fehler, die ich durch mangelnde Energie und damit auch Zerfahrenheit im Hier und Jetzt mache, verlangt wesentlich mehr Kraft und Aufwand, als wenn ich genau diese Fehler durch Konzentration auf das Hier und Jetzt vermieden hätte.

Nun könnte man natürlich auch folgenden Schluss ziehen: Wenn es richtig ist, dass die geistige Energie, die ich aussende, in jedem Fall nach Umsetzung sucht – meine geistigen Ursachensetzungen also –, dann kann es doch nicht so ganz falsch sein, sich in positiven Erwartungen und Vorstellungen mit der Zukunft zu beschäftigen, was ja dann auch nach Umsetzung suchen würde. Das klingt zunächst einmal verblüffend logisch, hat aber einige entscheidende Haken und Ösen.

Zunächst einmal beschäftigen sich die meisten Menschen, wenn sie mit ihren Gedanken und Vorstellungen in der Zukunft sind, leider nicht mit positiven Erwartungen und Vorstellungen. Ganz im Gegenteil. Ihre Zukunftsüberlegungen sind mehr auf Abwehr, Absicherung, Verhinderung und Vermeidung gerichtet. Prüfen Sie sich bitte in diesem Sinne einmal selbst.

Wenn ich mich aber mit einem möglichen Problem beschäftige und mir dazu alle Strategien der Abwehr zurechtlege, dann ziehe ich das Problem, das ich durch meine Überlegungen doch eigentlich vermeiden möchte, erst so richtig an, denn auch damit setze ich natürlich eine geistige Ursache.

Gedanken, Vorstellungen, Befürchtungen
und Bilder aller Art,
die sich in unserem Kopf bewegen,
sind wie Bestellscheine, die wir absenden.

Dabei kennt die Bestellannahme keine Verneinung. Wenn wir uns mit Käse beschäftigen, wird Käse geliefert. Warum sagen wir Käse, wenn wir Wurst meinen? Es ist, wie wenn Sie zu einem Ober sagen: „Herr Ober, zwei Bier bitte nicht." Der Ober versteht nur Bier und wird Ihnen selbstverständlich zwei Bier bringen. Verzeihung, wenn Sie dieses Beispiel schon einmal in einem anderen Buch von mir gelesen haben, ich kenne kein treffenderes.

Warum richten wir unsere Energie auf etwas, das wir nicht wollen, statt sie auf das zu richten, was wir wollen? Warum lesen wir z.B. alles über Krankheiten und schauen jeden diesbezüglichen Fernsehbericht an, wenn wir doch gesund werden oder bleiben wollen.

90

Glaubt jemand ernsthaft, dass er durch Beschäftigung mit den falschen Energiefeldern diese von sich abhält? Im Gegenteil, er zieht sie an. Noch einmal, in diesem System gibt es keine Verneinung. „Krankheit bitte nicht" heißt Krankheit.

Schöpfung bedeutet nicht „ab"-schaffen, sondern „er"-schaffen.

Wenn Sie diesen Mechanismus verstanden haben, ersparen Sie sich eine Menge leidvoller Fehlinvestitionen.

Aber nun wird doch gerade zum Thema Krankheit die sogenannte Vorsorge (also die Sorge vor der Sorge) empfohlen, sogar die gesetzlichen Krankenkassen zahlen dafür, und dann muss es ja wohl richtig sein. Na, dann sorgen Sie mal schön vor, aber hoffentlich nicht für das Falsche.

Wenn ein Problem da ist, richten Sie Ihre ganze Energie auf den Gegenpol, um es von dort aus zu lösen. Wenn kein Problem da ist, lassen Sie es sich gut gehen und erschaffen Sie sich kein Problem durch eine falsche Ausrichtung Ihrer Energie.

Wenn es Ihnen im Hier und Jetzt gut geht, wenn Sie Freude an Ihrem Leben haben, wenn Sie für jeden Tag Ihres Lebens danke sagen können, brauchen Sie sich um Ihre Gesundheit keine großen Sorgen zu machen.

Wenn das bei Ihnen leider nicht so zutrifft, wenn Sie ganz im Gegenteil zutiefst „be"-sorgt sind, dann müssen Sie dies sofort ändern, oder Sie bereichern schon sehr bald die amtliche Krankenstatistik.

Gleichgültig, ob mit oder ohne Vorsorge. Natürlich können Sie dann sagen, dass Sie das ja schon immer gefühlt und geahnt haben, deshalb ja auch alles gelesen, getan oder auch unterlassen haben. Natürlich, aber Sie haben halt leider das Falsche gefühlt und geahnt. Sie haben den falschen Bestellschein ausgefüllt. Sie haben Krankheit statt Gesundheit erwartet, Sie haben sich auf Krankheit statt auf Gesundheit vorbereitet.

Vielleicht wird man Ihre körperlichen Symptome durch Vorsorgeuntersuchungen etwas früher erkennen. Aber diese Symptome sind nichts anderes als die materielle Übersetzung dessen, was Sie vorher auf der geistigen Ebene verursacht haben. Wenn Sie diese Fehler schon im Entstehungsstadium erkannt hätten, hätten Sie sich die Erkrankung ersparen können. Gehen wir noch einmal zurück zu der Frage, ob es nun richtig ist, sich mit der Zukunft zu beschäftigen oder nicht.

Die Beschäftigung mit der Zukunft kann nur dann richtig sein, wenn wir es schaffen, auch bei den sogenannten positiven Zukunftsüberlegungen und Erwartungen unseren Franz oder unsere Erna aus dem Spiel zu lassen.

Diese begrenzte Ebene hat mit Sicherheit ganz bestimmte Vorstellungen von dem, was uns in Zukunft gut tun würde oder nicht. Wenn wir diesen Vorstellungen auf den Leim gehen, kann sich auch eine durchaus positiv gemeinte Ursachensetzung sehr schnell ins Gegenteil wandeln.

Friede, Freude, Eierkuchen, ein kleines Häuschen irgendwo im Grünen, genügend Einkommen, einen befriedigenden Beruf, ein gutes Aussehen, Gesundheit, einen netten Partner oder Partnerin, gesunde Kinder, liebe Enkelchen usw.

Franz oder Erna würden uns – durch das ihnen so erstrebenswert Erscheinende – den totalen Stillstand verordnen. Aber wir sind nicht hier, um stillzustehen. Wenn wir es trotzdem versuchen und uns nicht bewegen, werden wir bewegt werden, und das tut dann meist etwas weh. Die Schöpfung steht wegen uns nicht still.

Natürlich können wir nicht ganz ohne Zukunftsplanung leben. Auch ich muss z.B. einen Terminkalender führen, eine Urlaubsreise planen, die Steuertermine einhalten usw. Aber wenn ich so etwas tue, mache ich dies total im Hier und Jetzt, lasse es dann ebenso total los, konzentriere mich auf das dann anstehende Hier und Jetzt und denke keine Sekunde mehr daran. Versuchen Sie das doch auch einmal.

Wahre Energiefresser sind die sogenannten Dauerbrenner. Themen, die immer und immer neu wieder durchgedroschen werden: *„Du, ich hab noch mal überlegt, was wir gestern Abend besprochen haben . . . wir könnten doch auch . . . !*

Ja, natürlich könnten wir auch, und dieses Auch ist so „un"-erschöpflich, dass es uns am Ende „er"-schöpft, aber dann kann man ja wieder von vorne beginnen: *„Vielleicht war das ja doch gar nicht so schlecht, was wir zuerst . . .*"

Man beachte dabei den Ausdruck „gar nicht so schlecht". Es gibt unzählige Menschen, die so etwas wie eine Sperre haben, ein positives Attribut auszusprechen. Statt etwas als schön zu bezeichnen, sagen sie, „dass es gar nicht so hässlich" sei. Statt etwas als angenehm zu bezeichnen, sagen sie, „dass es gar nicht so unangenehm" ist. Sympathisch wird dadurch ausgedrückt, dass es „keinesfalls unsympathisch" ist. Gut ist einfach „nicht schlecht", und wenn man es dann noch etwas unverbindlicher und trendiger formulieren will, ist es vielleicht ein „nicht schlecht, Herr Specht."

Wenn wir uns auch dabei wieder bewusstmachen, dass das Unterbewusstsein keine Verneinung kennt und das „gar nicht so schlecht" deshalb einfach nur schlecht ist, dann erkennen wir hoffentlich, wie oft wir uns unbedacht in einen negativen Kreisverkehr begeben.

Bei unseren Überlegungen zur Beschäftigung mit der Zukunft möchte ich Ihnen die nach meiner Erfahrung beste, einzig richtige und auch wirksamste Technik natürlich nicht vorenthalten:

Ich weiß, dass es mich dort hinführen wird,
falls es für mich so richtig ist.

Was das ist, wo Sie dann hingeführt werden wollen, welche Umstände es sind, in denen Sie sich dann bewegen, das sollten und dürfen Sie vor Ihrem geistigen Auge ruhig lebendig werden lassen. Sie sollten es sogar so lebendig werden lassen, dass es für Sie bereits die Wahrheit ist.

Und weil Sie wissen, dass es so sein wird, wenn es so richtig ist, müssen Sie sich nun auch im Detail nicht mehr besonders darum kümmern und können all Ihre Kraft auf das Hier und Jetzt konzentrieren. Sie können in Ruhe und Gelassenheit geschehen lassen. Sie wissen ja . . .

Ich hoffe, Sie haben den entscheidenden Unterschied erkannt. Es wird so sein, wenn es so richtig ist, und wenn es nicht so geworden ist, war es auch nicht richtig.

Danke, wenn es so geworden ist, und
Danke, wenn es nicht so geworden ist,
und mir dadurch ein falscher Weg
erspart blieb.

Auf diesem Weg schalten Sie die begrenzte Ebene von Franz oder Erna weitgehend aus. Das hat natürlich wieder etwas mit dem zu tun, was ich als das elementare Urvertrauen eines Menschen bezeichne. Ist dieses Urvertrauen nicht vorhanden, möchte ich natürlich alles kontrollieren, berechnen, in der Hand behalten und absichern. Aber damit bewege ich mich ausschließlich auf der begrenzten Ebene. Größere Dinge oder gar Wunder können so nicht geschehen.

Ich habe noch nie erlebt, dass bei der von mir empfohlenen Technik etwas haargenau so eintraf, wie die Vorstellung davon war, und ich habe es auch noch nie erlebt, dass etwas ohne ein zumindest annäherndes Ergebnis blieb.

Meist ist das Ergebnis leicht modifiziert, und solche Modifizierungen waren dann offensichtlich notwendig, um das Ergebnis richtig werden zu lassen. Wenn ich das modifizierte Ergebnis dann annehme, bewege ich mich in Harmonie mit der Schöpfung, die es ja für mich so hat wachsen lassen.

Wenn ich die Modifikation aber nicht annehme, meinen Willen durchsetzen und alles haargenau so haben will, wie ich es mir vorgestellt hatte, begebe ich mich in Disharmonie zur Schöpfung, und leidvolle Erfahrungen werden mir nicht erspart bleiben.

Damit etwas für mich geschehen kann, damit es mich an mein Ziel führt, muss ich entsprechend Raum dazu lassen. Wenn ich alle Fäden in meiner Hand behalten will, wenn ich alles vorplanen und kontrollieren will, nehme ich diesen Raum.

Wie könnte die Schöpfung dann noch etwas für mich tun? Niemand und nichts kann meine Kontrolle unterlaufen. Dies ist der sicherste Weg, in der Enge unseres Franz oder unserer Erna zu bleiben und der Fülle der Schöpfung den Zutritt zu verweigern.

Wenn ich z.B. einen Flug nach Paris buche, kann ich doch bequem in der Maschine Platz nehmen und muss nicht unentwegt nach vorne rennen und versuchen den Piloten zu kontrollieren. Ich weiß, dass ich in Paris ankommen werde, und wenn ich nicht dort ankomme, weil vielleicht ein Unwetter den Piloten zur Landung in Brüssel zwang, dann geschah dies zu meiner Sicherheit und ich bin dem Piloten dankbar dafür.

Der Nachtzug, der mich dann von Brüssel nach Paris bringt, bedeutet lediglich einen kleinen und durchaus akzeptablen Umweg. Vielleicht mache ich auch in diesem Nachtzug eine hochinteressante Bekanntschaft, die mich erst gar nicht bis nach Paris fahren lässt. Ich steige schon vorher aus. Und so könnte das Pech des Unwetters über Paris letztlich zum Glück für mich werden.

Sehen Sie, das ist das, was ich unter „Raum lassen" verstehe. Die Fülle der Schöpfung hält immer etwas für mich bereit – wenn ich dafür offen bin, es zu empfangen, und nicht meinen Kopf durchsetzen will.

Lieber Gott, mach mich doch bitte glücklich, aber bitte sofort, und zwar so: 1. . . . 2. . . . 3. . . .

So etwas funktioniert einfach nicht.

Also leben Sie im Hier und Jetzt, sorgen Sie dafür, dass es Ihnen jetzt gut geht, und lassen Sie den Raum, den die Schöpfung braucht, um Sie an Ihr Ziel zu bringen. Tun Sie im Sinne der Zielsetzung, was Sie tun können, und geben Sie den Rest an die unbegrenzte Ebene ab. Bitten Sie um Führung, Hilfe und Erkenntnis, und es wird Ihnen gewährt werden.

Aber versuchen Sie nicht, alles zu kontrollieren, besser zu wissen, richtiger zu machen, gründlicher abzusichern usw. Dabei wird Ihnen irgendwann die Kraft ausgehen. Ich habe schon oft erlebt, dass Menschen ein Ziel, für das sie so lange gekämpft hatten, resigniert und erschöpft aufgaben und dass sich dieses Ziel danach ganz plötzlich ohne ihr Zutun realisierte.

Sie hatten sich zu lange selbst im Weg gestanden.

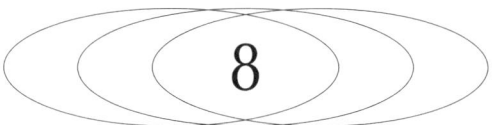

Partnerlust statt Partnerfrust

Ich weiß nicht, wie die statistische Rangfolge der Haupt-Frust-Verursacher aussehen würde, wenn es denn eine solche gäbe: 1. Beruf und 2. Familie oder an erster Stelle die Familie und dann erst der Beruf?

Ich schätze, dass die Familie, dass das private Zusammenleben, und dazu zähle ich dann auch Partnerschaften ohne Kinder und ohne Trauschein, an erster Stelle der Frustverursacher stehen. So erlebe ich es jedenfalls in meiner Praxis.

Im privaten Lebensbereich gehen die Verletzungen, Demütigungen, Enttäuschungen oder das Gefühl, nicht verstanden oder angenommen zu sein, einfach tiefer, gehen hier wesentlich schneller unter die Haut.

Im Berufsleben bleibt immer noch eine gewisse Distanz zum Umfeld, im privaten Zusammenleben fällt diese schützende Distanz weitgehend weg. Sollte eine solche Distanz aber auch hier bestehen, kann man wohl eher von einem gemeinsam betriebenen Unternehmen als von einer Familie oder einem engen Zusammenleben sprechen, was dann natürlich etwas konfliktfreier abläuft.

In meinem Buch „Trennung oder Neuanfang", das ich zusammen mit der Rechtsanwältin Celia Elsdörfer geschrieben habe, habe ich schon einiges über das Thema Partnerschaft gesagt. Wenn Ihnen also einige meiner Thesen bekannt vorkommen, bitte ich um Verständnis. Ich kann nicht voraussetzen, dass jemand alle Bücher von mir liest.

> *Das enge und intime Zusammenleben*
> *zweier Menschen ist das Schwierigste,*
> *das wir uns im Leben vornehmen können,*
> *gleichzeitig aber auch das,*
> *worauf wir am schlechtesten*
> *vorbereitet werden.*

Was unsere Eltern uns so vorgelebt haben, ist in den seltensten Fällen nachahmenswert. Ein Glückspilz, der sagen kann, dass er es genau so wie seine Eltern machen möchte.

Es wird heute sogar immer seltener, dass man auf ein Aufwachsen mit einem Elternpaar zurückblicken kann. Die Zahl der Alleinerziehenden und damit die Zahl derer, denen die Erfahrung mit dem andersgeschlechtlichen Elternteil fehlt, wächst ständig.

Warum ist das Zusammenleben nun so schwierig, wenn wir einmal von der Zeit des „Frisch-verliebt-Seins" absehen, in der wir auf Wolke sieben schweben, die Hormone verrückt spielen und wir uns die ewige Treue schwören?

100

Grundsätzlich sind Männer und Frauen mental so unterschiedlich gestrickt, dass ein tiefes Verstehen und ein wirkliches Einssein nahezu unmöglich sind.

Ein solches Einssein wäre nur dann möglich, wenn beide Seiten ihr Ego-Ich überwunden hätten und sich ausschließlich auf der unbegrenzten, geistigen Ebene bewegten. Aber auf dieser Ebene sind wir ohnehin mit allem verbunden und eins.

Gerade der Unterschied auf der mentalen Ebene scheint aber das zu sein, was die unterschiedlichen Geschlechter füreinander so faszinierend macht, wobei wir die nicht unbeträchtlichen Unterschiede auf der körperlichen Ebene natürlich nicht unterschätzen wollen.

In einer Partnerschaft ziehen sich zwei unterschiedliche Pole an, die trotzdem niemals verschmelzen können. Sie werden immer unterschiedliche Pole bleiben, obwohl sie doch – zumindest zeitweise – so gerne eins wären.

Eine unerschöpfliche Quelle des gegenseitigen Rätselratens und Nichtverstehens.

Aber nun heißt es doch in den hermetischen Gesetzen, die ja auch ich immer wieder zitiere: „Gleiches zieht Gleiches an und Ungleiches stößt einander ab." Wasser und Öl sind nicht vermischbar, obwohl meine Frau genau dies zu meiner tiefsten Verwunderung bei ihrer Salatzubereitung immer wieder versucht. Irgendwie scheint ihr das dann sogar zu gelingen und mein männlicher Verstand, dessen unbestechliche Logik gerade

101

wieder einmal aufgehoben wurde, steht dann hilflos daneben. Brauchen Sie noch ein besseres Beispiel für zwei unterschiedliche Pole?

Was einem Mann völlig unlogisch erscheint, macht eine Frau einfach.

Die gesamte Schöpfung Erde ist nach dem Prinzip der Polarität ausgerichtet. Alles hat zwei Pole. Es gibt keinen Begriff in unserer menschlichen Sprache, der nicht erst durch den Gegenbegriff seinen Sinn erhält. Schnell/langsam, hoch/tief, hell/dunkel, warm/kalt, gut/böse, positiv/negativ usw.

Wenn unser Verstand arbeitet, sucht er seine Position immer zwischen zwei sich anbietenden Polen und benutzt dazu die Aufzeichnungen unseres Unterbewusstseins. Nehmen wir ihm einen Pol weg, nehmen wir ihm die notwendige Orientierungsmöglichkeit und legen ihn mehr oder weniger lahm.

Einen anfanglosen und endlosen Gott z.B. kann unser Verstand nicht verstehen. Wir können fühlen und glauben, dass es so etwas gibt, das ist die andere Ebene, aber verstehen – als Leistung unseres Verstandes – können wir Gott nicht.

Auch der einzelne Mensch ist zweipolig. Jeder Mann hat weibliche Komponenten und jede Frau hat männliche Komponenten – oder sie wären nicht komplett. Dies beginnt bei den Hormonen und manifestiert sich letztlich auch in äußeren Körpermerkmalen wie z.B. den völlig nutzlosen Brustwarzen eines Mannes.

Dabei kann die Gewichtung der männlichen und weiblichen Anteile manchmal etwas durcheinandergeraten, und wir sprechen dann von Homos und Lesben. Eine Frau z.B., deren männliche Anteile übergewichtet sind, fühlt sich dann von einer Frau angezogen, bei der die männlichen Anteile untergewichtet sind, und umgekehrt natürlich genauso. Der Ausgleich, der normalerweise zwischen zwei unterschiedlichen Geschlechtern stattfindet, findet dann innerhalb einer gleichgeschlechtlichen Partnerschaft statt. Die Rollenspiele bleiben dabei die gleichen, die Probleme auch.

Polarität sucht immer nach einem Ausgleich, der aber dann wieder nur in Verbindung mit dem Gegenpol erreichbar ist. So ist also zu verstehen, dass männlich und weiblich, so unterschiedlich sie auch sein mögen, sich gegenseitig ebenso anziehen, wie sich die unterschiedlich geladenen Teilchen eines Atoms gegenseitig anziehen. *Bleibt nur zu hoffen, dass im Falle einer Partnerschaft keine Atombombe daraus wird.*

Ziehen sich in einer Partnerschaft beide Pole männlich/weiblich gleich stark an, finden beide Partner ihren Lebensraum in der Mitte der beiden Pole, leben sie einigermaßen ruhig und in Harmonie miteinander, wobei auch hier gelegentliche Schwankungen und Disharmonien nicht auszuschließen sind.

Solche Schwankungen gehören einfach zur Lebendigkeit des Lebens. Eine Partnerschaft ohne gelegentliche Meinungsverschiedenheit und ohne immer wieder auftretende kleine Reibungspunkte wäre relativ tot und unfruchtbar. Noch einmal zur Erinnerung:

Wir lernen aus der Überwindung von Schwierigkeiten, und dies gilt auch – oder sogar gerade – für eine Partnerschaft.

Lebenspartner sind vor allem auch Lernpartner!

Werden zwei Partner aber regelmäßig zwischen den beiden Polen männlich/weiblich heftigst hin- und hergerissen, versucht ein Pol dem anderen seine Kraft zu nehmen, will ein Pol den anderen beherrschen, sind dauernder Kampf und Disharmonie angesagt. Auf solchen Schlachtfeldern kann man zwar ausbluten, leider aber nichts gewinnen und nur wenig lernen. Es sei denn, man zieht daraus die Lehre, dass es so nicht geht.

Jede Schöpfung wird erst durch das Gleichgewicht von männlich und weiblich, durch das Gleichgewicht von Yin und Yang, vollkommen. Einseitig männliche und einseitig weibliche Schöpfungen haben keinen Bestand.

Also nehmen wir es als ganz normal, dass in einer Partnerschaft nicht immer eitel Sonnenschein und Freude herrschen können. Wie bei so vielen Dingen im Leben kommt es aber auch hier auf die Grenzen an.

Wo beginne ich zu leiden, wo beginne ich mir selbst zu schaden, wo beginne ich mich selbst zu zerstören?

Wenn eine Partnerschaft tatsächlich mehr Frust als Lust bedeutet, wirkt sie nun einmal zerstörerisch. Kein Geschöpf aber kann unbeschadet in dauernder Disharmonie zu seinem Umfeld leben. Auch ein Tier oder eine Pflanze würde auf Dauer Schaden nehmen.

Nun höre ich immer wieder Eheleute sagen, dass sie sich zwar so gut wie nichts mehr zu sagen haben und längst eigene Wege gehen würden, wenn da nicht die Kinder wären, um derentwillen sie das Familienleben aufrechterhalten. Ja, aber was erhalten sie denn da aufrecht? Eine äußere Form ohne Inhalt. Kinder haben so sensible Antennen, dass sie diese Unwahrheit mitbekommen.

Man kann seinen Partner betrügen, aber seine Kinder kann man nicht betrügen.

Kinder fühlen die Disharmonie, Kinder fühlen, dass etwas nicht stimmt. In dieser Disharmonie wachsen sie dann auf. Dies ist das Bild von Partnerschaft, das ihnen täglich vor-„gespielt" wird. Wie sollen sie es dann später einmal besser machen?

Keine Sorge, ich bin sicher, dass sie es trotzdem einmal besser machen werden, denn die Schöpfung steht auch darin nicht still – nichts bleibt so, wie es ist. Aber der Weg dorthin hält dann für die jungen Menschen eine Menge Schlaglöcher bereit. Schmerzhafte Erfahrungen bleiben dabei nicht aus. Aber auch daran lernen und wachsen wir dann wieder.

Sollen wir nun den Eltern böse sein, die uns ein schlechtes Bild von Partnerschaft vorleben? Nicht unbedingt, denn sie liefern uns mit ihrem Verhalten einen konkreten Lernstoff, an dessen Überwindung wir arbeiten, lernen und wachsen können, und allein darin liegt der Sinn unseres kurzfristigen Besuchs auf dieser Erde. Wir können die Situation, in die wir hineingeboren wurden, nur als Aufgabenstellung annehmen, sollten sie aber keinesfalls als sogenanntes Schicksal hinnehmen.

Es gibt also keinen Grund, ein nicht gerade vorbildliches Elternhaus zeitlebens als Alibi vor sich herzuschieben, wie dies so gerne geschieht. Es wäre lediglich ein Beweis dafür, dass wir die damit verbundene Lernaufgabe weder erkannt noch gelöst haben.

Wie ein problematisches Elternhaus kein Alibi für uns sein kann, so kann es natürlich auch für Eltern kein Alibi sein, uns mit ihrem Verhalten ja lediglich einen Lernstoff zu servieren. Das wäre nun auch wieder zu einfach. Erstens haben sie offensichtlich ihre eigene Lernaufgabe nicht gelöst, und nach dem Gesetz von Ursache und Wirkung können sie sich nicht ungeschoren aus dem Staube machen und am Ende sogar glauben, etwas Gutes für uns getan zu haben.

Was wir säen, werden wir ernten.

Die Disharmonie, in der Kinder aufwuchsen, wird auch für die Eltern nicht ohne Folgen bleiben, und wenn sich diese Folgen dann letztlich in körperlichen Symptomen manifestieren. Wir können nicht auf der mentalen Ebene in Disharmonie leben und erwarten, dass unser Körper in Harmonie bleibt. Irgendwie wäre das sogar ungerecht – oder?

Partnerschaften sind nie endende Dauerbaustellen.

Solche Baustellen sind niemals abgeschlossen. Sie erfordern täglich unsere volle Aufmerksamkeit. Sie erfordern täglich unser Eingreifen, sie erfordern täglich unser bewusstes Draufschauen. Wenn wir denken, endlich angekommen zu sein, wenn wir denken, dass das Haus nun fertig sei und wir uns jetzt nicht mehr besonders darum kümmern müssten, sind wir bereits dabei, die Fundamente dieses Bauwerks auszuhöhlen.

Sobald uns etwas wichtiger wird als unsere enge und intime Partnerschaft zu einem anderen Menschen, laufen wir Gefahr, dort in einem Scherbenhaufen zu enden.

Der Fehler, der am häufigsten bei Männern gemacht wird, ist der, den Beruf wichtiger zu nehmen als die Partnerschaft, vor allem dann, wenn Kinder da sind. Sie sehen sich als den Haupternährer der Familie, haben deshalb schließlich Wichtigeres im Kopf und wollen nicht auch noch mit täglichem Familienkleinkram belästigt werden. Man spreche den Herrn bitte nicht auch noch mit solchen Dingen an, das ist schließlich Sache der Mutter, und die hat ja Zeit genug.

Ein solcher Herr der Schöpfung ist auf diesem Wege weder seiner Frau noch seinen Kindern ein Partner. Aber immerhin verdient er genügend Geld, um am Ende die gerichtlich festgelegten Unterhaltszahlungen leisten zu können. Wie ungerecht, schließlich hat er doch nur für die Familie geschuftet. Warum hat man ihn denn nicht verstanden?

Bei Frauen liegt der größte Fehler darin, nun in ihrem Leben die Kinder an die erste Stelle zu setzen. Es ist so, als wenn der leider notwendig gewesene Zuchtbulle seine Pflicht und Schuldigkeit getan hätte und nun sein Gnadenbrot erhält. Natürlich darf er offiziell der Herde weiterhin vorangehen, man will ihn ja nicht bloßstellen, aber intern sieht die Rangfolge ganz anders aus.

Natürlich brauchen Kinder bis zu einem bestimmten Lebensalter die volle Aufmerksamkeit und Zuwendung der Mutter, dies ist unbestritten. Aber auch die Partnerschaft braucht die volle Aufmerksamkeit und Zuwendung der Mutter.

In einer Partnerschaft müssen sich die beiden Partner immer das Wichtigste bleiben.

Kinder nehmen an dieser Partnerschaft teil, sie erlernen hier das Bild einer Partnerschaft, aber sie können nicht zum Inhalt einer Partnerschaft gemacht werden.

Kinder können nicht zum pflegeleichteren Ersatzpartner umfunktioniert werden. Sie werden ihr eigenes Leben beanspruchen und spätestens dann,

107

wenn sie aus dem Haus gehen, bleibt nur noch die Leere – oder es wird geklammert.

Eltern müssen schmerzhaft erkennen, dass sie bei den Kindern, die sie doch immer an die erste Stelle gesetzt hatten, nun selbst in keiner Weise mehr an erster Stelle stehen.

Ein absolut notwendiger und gesunder Prozess. Hatten sie sich doch für ihre Kinder aufgeopfert, wie ich oft höre. Aber wer hat denn dieses Opfer verlangt? Die Kinder doch wohl am allerwenigsten. Wenn wir einmal genauer hinschauen, wurde hier den Kindern etwas aufgeladen, was die Eltern für sich selbst nicht zustande brachten. Auch eine Art von Kindesmissbrauch, für den nun selbstverständlich auch noch Dank erwartet wird. „Wie undankbar sind doch die Kinder, hat man denn nicht alles getan und auf so vieles verzichtet?"

Manchem Leser oder mancher Leserin mag meine Darstellung zu hart sein. Natürlich rede ich hier schwarz-weiß. Welche Graustufe Sie dann daraus mischen, bleibt Ihnen überlassen.

Ich erlebe es immer wieder, dass Männer, die ihren Beruf zum Lebensinhalt gemacht hatten, nichts mehr mit sich anzufangen wissen, wenn das Berufsleben zu Ende ist. Sie zehren nur noch von der Vergangenheit, reden nur noch davon, was sie einmal waren, und nicht davon, was sie jetzt sind, denn da ist nichts.

Wenn sie dann noch mit einer Partnerin leben, die ihre Kinder zum Lebensinhalt gemacht hatte und bei der dann auch nichts mehr ist, addieren sich diese zwei Nichts, was mich an das kölnische Lied „Dreimal null ist null, bleibt null" erinnert.

Der Sinn unseres Lebens liegt ausschließlich in uns selbst.

Wir können ihn nicht außerhalb von uns selbst finden. Wir sind hier, um hier eine bestimmte Lernerfahrung zu machen. Wir sind hier, um uns weiterzuentwickeln. Das Prinzip der Schöpfung ist ständige Weiterentwicklung. Nichts bleibt so, wie es ist, auch wir nicht. Wenn wir trotzdem versuchen, an einer Stelle stehenzubleiben, werden wir schlichtweg überrollt.

Wenn wir bei der Bewältigung unserer Lernaufgabe und unserer damit verbundenen Weiterentwicklung auch anderen Menschen auf ihrem Weg helfen können, dann ist das zwar sehr sinn-"voll", aber es ist nicht der Sinn unseres Lebens, der liegt ausschließlich in uns selbst.

Wir sind nicht als Servicepersonal für andere geboren. Wir müssen sehr genau zwischen Sinn und sinnvoll unterscheiden.

Die Ausübung unseres Berufs kann sehr sinnvoll sein, die Aufzucht unseres Nachwuchses kann sehr sinnvoll sein, aber sie können nicht den Sinn unseres Lebens ersetzen. Beides sind lediglich Spielfelder, auf denen wir unsere Erfahrungen sammeln können, auf denen wir den Lernschritt machen können, den wir uns vorgenommen haben. Wenn wir das Spielfeld einmal verlassen, geht das Spiel ohne uns weiter. Außer unserer Erfahrung können wir nichts mitnehmen.

Vielleicht kann ich den Unterschied zwischen Sinn und sinnvoll an meiner eigenen Tätigkeit noch etwas genauer erklären. Ich bin überzeugt, dass es sehr sinnvoll ist, solche Bücher zu schreiben, wie ich sie schreibe. Ich bin weiterhin überzeugt, dass es sehr sinnvoll ist, direkt mit Menschen zu arbeiten und ihnen bei der Lösung ihrer Probleme zu helfen, wie ich dies in meiner Praxis tue.

Aber dies alles ist nicht der Sinn meines Lebens. Ich wachse mit jedem Buch, das ich schreibe, und komme zu neuen Erkenntnissen. Ich wachse mit jedem Menschen, mit dem ich arbeite, und meine Sicht der Dinge erweitert sich durch ihn, und allein dieses Wachstum hat in direkter Weise etwas mit dem Sinn meines Lebens zu tun. Wir alle sind Partner auf einem gemeinsamen Weg.

Wenn wir dabei für jeden Tag unseres Lebens danke sagen können.

Wenn wir auch am Ende unseres Lebens von Herzen danke sagen können.

Wenn wir sagen können, dass wir aus unseren Fehlern gelernt und vieles erkannt haben.

Wenn wir sagen können, dass wir ein Stück weiser geworden sind.

Dann sind wir dem Sinn unseres Lebens zumindest ein großes Stück nahegekommen. Schön, wenn wir dabei Partner oder Partnerinnen hatten, die uns helfen konnten und denen auch wir helfen konnten.

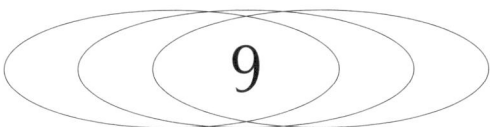

9

Die Kunst der richtigen Hilfe

Wer anderen hilft, dem wird geholfen werden!

Schön, wenn wir irgendwo helfen können, schön, wenn wir irgendwo Hilfe bekommen. Wir sind alle miteinander verbunden. Aber was ist nun eine wirkliche Hilfe und welche Art der Hilfe schadet mehr, als sie nutzt?

Hilfe ist immer dann sinnvoll, wenn sie jemanden in die Lage versetzt, sein Problem selbst zu lösen. Somit eine wichtige Lernerfahrung für ihn!

Hilfe ist immer dann schädlich, wenn sie jemandem sein Problem abnimmt. Dies ist die Verhinderung einer wichtigen Lernerfahrung!

Wenn z.B. jemand an der Straßenecke sitzt, seinen Hut mit einem beschrifteten Pappschildchen vor sich hinstellt, auf dem geschrieben steht, dass er Hunger hat, dann helfen Sie ihm nicht dadurch, dass Sie einen

Euro in seinen Hut werfen. Ganz im Gegenteil, Sie bestätigen damit
sein fragwürdiges System der Nahrungsbeschaffung, Sie bestätigen sein
Nichtstun. Auf diesem Weg wird er sich wohl kaum veranlasst sehen,
sein System zu ändern. Die Sache mit dem Pappschild funktioniert ja.
Warum sollte er?

Wenn aber jemand an der Straßenecke steht und z.b. musiziert, mit Bällen
jongliert oder auf anderem Weg zumindest versucht, den Vorübergehen-
den eine kleine Freude zu bereiten, dann hat er durchaus die Chance, auch
von mir einen Euro zu bekommen. Er erbringt seinen eigenen Einsatz,
und diesen Weg möchte ich in jedem Fall unterstützen.

Manchmal bleibe ich sogar stehen und spende Beifall, wenn die Darbie-
tung auch nur halbwegs gelungen ist. Damit möchte ich zeigen, dass er
etwas tut, was durchaus anerkannt wird, und ihm eine kleine Selbstbe-
stätigung geben. Wenn er seine Fähigkeit dann weiter ausbaut, wird sich
auch sein Einkommen weiter ausbauen. Vielleicht begegnen wir ihm oder
ihr dann einmal als Unterhaltungskünstler bei einer privaten Feier, einer
regionalen Veranstaltung oder dergleichen. Der Weg ist davon abhängig,
wie konsequent jemand an seinen Fähigkeiten arbeitet, und dies ist wiederum sehr stark mit der Anerkennung seiner Arbeit verbunden.

Nun ist dies ein sehr einfaches Beispiel, das lediglich das Prinzip deutlich
machen soll. Übertragen können wir dieses Prinzip so gut wie auf alle
Bereiche des Lebens, von den Hausaufgaben unserer Kinder, bei denen
wir helfen sollen, bis zum Thema Krankheit, wo jemand unsere Hilfe
erwartet, bis hin zu unseren eigenen Hilfeerwartungen.

*Wenn wir nicht den Mut haben, unsere Kinder auch mal in der Schu-
le reinrasseln zu lassen, wenn sie ihre Hausaufgaben nicht oder nur
ungenügend gemacht haben, werden wir ihnen nicht wirklich helfen.*

112

Wir können auch unseren Kindern ihre offensichtlich notwendigen eigenen Erfahrungen nicht abnehmen. Wir verwehren ihnen damit ein Stück Entwicklung. Oft wird eine falsche Hilfe auch gewährt, damit die Eltern sich nicht blamiert fühlen. Man will sich ja nichts nachsagen lassen! Wie stehen wir denn da, wenn unser Kind . . . ?

Bei dieser Art Hilfe stehen also mehr eigene Interessen im Vordergrund. Nicht unstatthaft, aber auf diese Weise machen wir uns dann irgendwie erpressbar. „Soll meine Mutter sich doch ruhig blamieren, wenn ich keine Hausaufgaben gemacht habe." Auch dieses Beispiel lässt sich natürlich auf nahezu alle Bereiche übertragen. Wir helfen, damit nichts auf uns zurückfällt.

Gib einem Hungernden einen Fisch, und er hat einen Tag keinen Hunger mehr!

Gib ihm drei Fische, und er hat drei Tage keinen Hunger mehr!

Lehre ihn fischen, und er hat nie mehr Hunger!

Also versuchen wir sinnvoll zu helfen und nehmen wir niemandem eine notwendige Lernerfahrung ab. Auch Gott nimmt uns unsere Lernaufgaben nicht ab, so sehr und so flehentlich wir auch darum bitten sollten. „Lieber Gott, mach doch bitte, dass . . .", muss unerfüllt bleiben. Gott nimmt uns unsere Aufgaben nicht ab, aber er hilft uns zu erkennen, dass wir das Werkzeug und die Fähigkeit haben, sie selbst zu lösen.

Hilf dir selbst, dann hilft dir Gott!

Wenn wir Gott um eine solche Unterstützung bitten, wenn wir um Führung und Erkenntnis bitten, wird unsere Bitte erfüllt werden.

Wenn wir Gott um Erledigung bitten, kann uns diese Bitte im eigenen Interesse nicht erfüllt werden.

Es ist Gott auch völlig gleichgültig, ob wir dann wegen der Nichterfüllung einer Bitte an ihm zweifeln oder sogar nicht mehr an ihn glauben. Gott kann das leicht verkraften.

Gott will nicht, dass er gut dasteht, Gott will, dass wir gut dastehen.

Er will, dass wir weiterkommen. Göttliche Liebe ist nicht die Ebene der Liebe von Franz oder Erna. Die haben natürlich eine ganz andere Sicht von dem, was Gott für sie tun könnte, z.B. endlich den ersehnten Lottogewinn herbeiführen.

Machen wir uns immer wieder bewusst: Wir, das unbegrenzte, geistige Wesen in diesem Körper, sind eine Manifestation der göttlichen Urquelle. Gott hat uns nichts vorenthalten. Wir sind nach seinem Bilde geschaffen. Dies ist unser göttliches Erbe.

Auch das Prinzip seiner geistigen Schöpferkraft ist in uns gelegt. Mit unserer geistigen Schöpferkraft, mit unseren Vorstellungen, Visionen, Erwartungen und Befürchtungen setzen wir jene Ursachen, die sich dann in unseren Lebensumständen manifestieren.

Wir haben ein wunderbares Werkzeug in die Hand bekommen, können dies aber noch nicht so recht einsetzen, wissen vielleicht nicht einmal, dass wir es besitzen, oder setzen es sogar gegen uns ein. Wir sind noch in der Lehre, wir sind noch keine Meister. Man kann uns noch nicht jede Bitte erfüllen.

Unsere Bitten wären noch nicht weise genug. Eine Erfüllung würde uns in den meisten Fällen wohl eher schaden als nutzen. Auch einem Kind können Sie nicht jede Bitte erfüllen, ohne ihm zu schaden. Es würde z.b. in einem heißen Sommer nur noch Eis essen, auf gesunde Nahrung verzichten und damit seine Gesundheit ruinieren. Natürlich ist es unzufrieden, wenn es Gemüse essen soll, obwohl Eis doch so viel leckerer ist.

Wenn es so sein darf, wenn es so richtig ist.

Diese kleine Einschränkung sollten Sie unbedingt an jede Bitte, an jeden Wunsch, an jedes Gebet, in dem Sie um etwas bitten, anhängen. Wir haben schon an anderer Stelle darüber gesprochen.

Wenn es so richtig ist, wird es wahrscheinlich auch so geschehen. Ist es nicht richtig, wird es ebenso wahrscheinlich nicht geschehen. Dies gilt natürlich auch, wenn wir für andere um etwas bitten.

Wenn wir z.B. um die Gesundung eines uns nahestehenden Menschen bitten, wenn wir für ihn beten, wenn wir Gott dabei sogar ein kleines Gegengeschäftchen vorschlagen und z.B. geloben, an einer Wallfahrt teilzunehmen, das Rauchen einzustellen oder dergleichen. Gott macht keine Geschäfte mit uns.

Auch jede Erkrankung bedeutet eine Lernaufgabe, auch jede Erkrankung bietet die Chance zu einer Erkenntnis, zu der wir auf normalem Wege wohl nicht gelangt wären, oder die Erkrankung wäre nicht notwendig gewesen.

Folgen wir dem, was die Krankheit uns sagen will, erkennen wir die Zusammenhänge, sehen wir unsere Fehler und beginnen die notwendige

115

Kehrtwende in unserem Verhalten, hat die Krankheit ihren Sinn erfüllt und kann sich verabschieden.

Solange dies aber nicht geschieht, brauchen wir die Krankheit noch, brauchen wir noch die damit verbundene Lernchance. Die Krankheit kann sich noch nicht verabschieden, sie hat ihren Sinn noch nicht erfüllt.

Wenn Sie diese Erkenntnis einmal mit dem Geschehen in unserem heutigen Gesundheitssystem vergleichen, wissen Sie, warum dies immer mehr in eine Sackgasse läuft und nahezu unfinanzierbar wird. Niemand fragt nach dem Sinn einer Erkrankung und den dahinter stehenden geistigen Ursachensetzungen. Jedes Symptom wird sofort mit allen Mitteln bekämpft, und wenn es dann verschwunden ist, fühlt sich die Schulmedizin höchst erfolgreich. Symptom beseitigt – Patient geheilt.

Leider aber hat in den seltensten Fällen tatsächlich eine Heilung stattgefunden. Da lediglich das Symptom, aber nicht die dahinter stehende geistige Ursache oder Ursachenkette erkannt und korrigiert wurde, wird sich die weiter bestehende Ursache an anderer Stelle mit einem anderen Symptom erneut zu Wort melden, wo dann natürlich wieder mit allen zur Verfügung stehenden Mitteln zugeschlagen wird. Ein Mensch, der von einem Symptom ins nächste gleitet, hat dann halt eine „angegriffene Gesundheit", wie man so schön sagt. Ja, seine Gesundheit wurde tatsächlich angegriffen!

Wenn wir also jemandem sinnvoll bei der Überwindung einer Erkrankung helfen wollen, sollten wir nicht einfach darum bitten, dass er wieder gesund wird. Wir sollten darum bitten, dass er doch bitte erkennen und die Chance, die ihm durch die Krankheit gegeben wurde, nutzen möge.

Natürlich gilt das auch für uns selbst. Nun ist meine Erklärung bis hierhin sicher gut verständlich. Etwas komplizierter wird es, wenn wir ein Krankheitsgeschehen übergreifend betrachten, wenn wir es nicht allein auf den Erkrankten beziehen, sondern sein nahes Umfeld mit einbeziehen.

Wir wissen, dass es auf der unbegrenzten Seelenebene durchaus üblich ist, sich gegenseitig zu helfen und sich wichtige Lernaufgaben zu servieren, an denen wir dann wachsen können.

Nichts geschieht isoliert.
Alles ist mit allem verbunden.
Alles hat seinen Sinn.

Auch wenn uns dieser Sinn zunächst verborgen bleibt. So kann auch die Erkrankung eines geliebten Menschen für sein Umfeld eine wichtige Lernaufgabe bedeuten. Die Aufgabe des Annehmens z.B., die Aufgabe des Loslassens, die Aufgabe des Vertrauens usw. Um das etwas näher zu erklären, möchte ich auch hier wieder ein Beispiel aus meiner Praxis anführen.

Ein Ehepaar aus München, dessen vierjährige Tochter an Krebs verstorben war, kam zu mir, um sich in der tiefen Verzweiflung, in der sie sich befanden, helfen zu lassen. Sie standen fassungslos vor dem, was geschehen war, und konnten diesen Schicksalsschlag, wie sie es formulierten, nicht annehmen. Ich zitiere einige ihrer Aussprüche:

„Wenn es denn einen Gott gibt, den man zudem noch als lieben Gott bezeichnet, wie kann er dann so etwas zulassen?"

117

„Was hat dieses vierjährige unschuldige Würmchen denn verbrochen, dass es sterben musste?"

„Was haben wir denn getan, damit wir so ungerecht gestraft werden?"

„Die schlimmsten Verbrecher dürfen auf Staatskosten weiterleben, warum durfte dann unsere kleine Tochter nicht leben? Sie hat doch niemandem etwas getan" usw.

Nun, was kann man in solchen Fällen tun? Der oft zitierte „unerforschliche Ratschluss Gottes" hilft da leider wenig. Menschen suchen eine Erklärung, die ihnen hilft zu verstehen, die ihnen hilft anzunehmen, so schwer und nahezu unmöglich ihnen dies im Moment des Geschehens auch scheinen mag.

Nun, ich habe zunächst einmal zu erklären versucht, dass jede menschliche Existenz – ob kurz oder lang – einen Sinn hat. Vielleicht hatte die unbegrenzte Seele dieses kleinen Mädchens nur eine ganz bestimmte Erfahrung nachzuholen, für die sein kurzes Leben reichte?

Vielleicht hat es neben seiner eigenen Erfahrung auch gleichzeitig seinen Eltern eine Lernaufgabe serviert. Wir wissen, dass wir nicht zufällig in diese oder jene Familiensituation hineingeboren werden. Alles ist mit allem verbunden – nichts geschieht isoliert.

Ich habe versucht, den Eltern klarzumachen, dass es ein großes Geschenk war, dieser Seele bei ihrem kurzen Aufenthalt ein Zuhause zu geben. Ich habe versucht, ihre Verzweiflung und Verständnislosigkeit in Dankbarkeit umzuwandeln. Aber statt dankbar für das zu sein, was ihnen für eine kurze Zeit gegeben wurde, klagten sie nur darüber, dass es ihnen wieder genommen wurde.

Erst sehr viel später in unserem Gespräch erfuhr ich dann, dass sie auch noch eine zwölfjährige Tochter hatten. Diese Tochter fand kaum noch Wertschätzung und Beachtung. Im Vordergrund stand nicht das, was sie mit ihrer älteren Tochter hatten, im Vordergrund stand das, was sie mit dem Verlust der jüngeren Tochter nun nicht mehr hatten. Etwas, was man sehr häufig bei Menschen beobachten kann. Das, was ist, zählt wenig, das, was nicht oder nicht mehr ist, zählt alles.

Am Ende unseres Gesprächs hatte ich den Eindruck, nicht viel ausgerichtet zu haben. Sie waren noch zu tief in ihr Leid verstrickt, um für eine andere Sichtweise offen zu sein. Hier konnte nur die Zeit etwas mithelfen – und sie half!

Ca. ein Jahr später rief mich die Mutter an, um mir zu sagen, dass sie erst jetzt so richtig verstanden haben, was ich damals versucht hatte ihnen nahezubringen. Sie würden sich inzwischen in Dankbarkeit an die kleine Tochter erinnern und hätten durch die damaligen Ereignisse wieder viel intensiver zueinander gefunden. Sie wären wieder eine richtige Familie und sehr stolz auf ihre große Tochter, die sich prächtig entwickle.

Es ließe sich sicher noch eine Menge zum Thema Hilfe sagen. Aber wenn Sie das Prinzip verstanden haben, vor allem, wenn Sie es innerlich bejahen, dann auch noch den Mut haben, danach zu handeln und beim Thema Hilfe nicht in Gefühlsduselei zu verfallen, kann es Ihnen in nahezu allen Bereichen des Lebens hilf-„reich" sein.

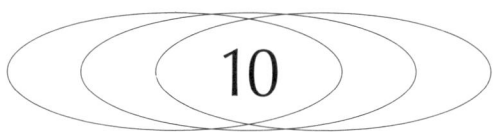

Der Weg zur inneren und äußeren Freiheit

Wir haben schon im ersten Kapitel über das so oft gebrauchte Wörtchen „man" gesprochen. Solange dieses „Man", solange das, was „man" tut oder was „man" nicht tut, wie „man" zu sein hat oder „man" nicht zu sein hat, so etwas wie einen verbindlichen Maßstab für uns bedeutet, leben wir weder in innerer noch in äußerer Freiheit. Eigentlich leben wir gar nicht unser Leben, wir leben das Leben von „man".

Das heißt nun nicht, dass wir uns ab sofort gegen alles stellen, was mit diesem „Man" verbunden wird, und nur noch das genaue Gegenteil von dem leben.

Dies wäre nichts anderes als der Wechsel von einer Unfreiheit in die andere.

Mussten wir früher unter allen Umständen so wie „man", so dürfen wir jetzt unter keinen Umständen so wie „man". Was wäre damit gewonnen? Die Gefängniszelle, in die wir uns da einsperren, ist die gleiche.

121

Schön, wenn „man" das so tut – ich tue es ja auch so. Aber ich tue es, weil ich es so tue, weil ich es so richtig finde und nicht, weil „man" es so tut oder richtig findet.

Schön, wenn sich dieses „Man" mit meinem Verhalten deckt, und ebenso schön, wenn es sich mit meinem Verhalten nicht deckt. Weder muss ich ihm folgen, noch muss ich mich zwanghaft dagegen stemmen. Ich trage den Maßstab meines Denkens und Handelns in mir, es ist allein mein Maßstab, ob „man" das nun akzeptiert oder nicht.

Sehen Sie, dies ist zumindest so etwas wie der Beginn einer inneren und äußeren Freiheit. Ein erster, aber wichtiger Schritt!

Innere und äußere Freiheit beginnen in den kleinsten Dingen des Alltags. Wenn ich im Kleinsten frei bin, bin ich es auch im Größten. Nun leben wir allerdings nicht in einem menschenleeren Raum. Es sind auch noch andere neben uns und mit uns, und auch die haben das gleiche Recht auf ihre Freiheit.

Ich kann meine Freiheit nicht auf Kosten der Freiheit anderer ausleben.

Aber wessen Freiheit schränke ich eigentlich ein, wenn ich den Maßstab für mein Verhalten in mir trage und ihn mir nicht von außen aufzwingen lasse? Wenn es mir z.B. einfach gleichgültig ist, ob die Jeans, die ich trage, das Label zeigen, das „man" gerade trägt. In welche Hose ich meinen Hintern stecke, sollte ich doch wohl ganz alleine entscheiden dürfen.

Also, wenn ich mich wieder einmal selbst als Beispiel nehmen darf: Ich persönlich lebe diese Freiheit und ich hatte noch nie das Gefühl, damit in die Freiheit eines anderen Menschen einzugreifen.

Aber vielleicht trügt mich ja auch mein Gefühl? Vielleicht mag sich ja mancher brüskiert gefühlt haben, weil ich seinen Erwartungen nicht so ganz entsprach. Aber für mich war das dann lediglich sein Problem. Ich fühle mich für die Erwartungen eines anderen an mich weder zuständig noch verantwortlich. Ich muss solchen Erwartungen nicht genügen.

Nun könnte man sagen, dass wir ja schließlich alle in einer gewissen Unfreiheit leben. Dass wir alle gewissen Regeln ausgesetzt sind und dass der Staat uns sogar bestraft, wenn wir diese Regeln missachten. Dies ist natürlich richtig. Aber ebenso richtig ist es, dass wir die Freiheit haben, einem Staat den Rücken zu kehren und woanders hinzugehen, wenn uns seine Regeln nicht passen. Zumindest haben wir jetzt in unserem Land diese Freiheit, was z.B. zu DDR-Zeiten im östlichen Teil unseres Landes nicht möglich war.

Ob uns dann aber alle Regeln des Ortes passen, an den wir dann hinflüchten, wage ich zu bezweifeln. Es wird sicher keinen Ort auf dieser Erde geben, an dem das menschliche Zusammenleben ganz ohne Regeln auskommt. Es sei denn, wir bewohnen als einziger Mensch eine ansonsten völlig menschenleere Insel. Aber so viele solcher Inseln gibt es nun auch wieder nicht, auf die wir uns da zurückziehen könnten, und ganz ohne Geld würden wir die Insel wohl auch nicht bekommen. Geben wir hier das Geld aus, um „in" zu sein, würden wir dort das Geld investieren müssen, um „out" zu sein. Aber immerhin könnten wir dort ja unsere eigene Währung einführen, uns selbst entlohnen, uns selbst einen Kredit gewähren usw. Also, auf geht's, was hält uns noch fest? Mitreisende brauchen wir ohnehin keine.

Wenn ich mich in meinem täglichen Leben, im sogenannten Alltag, z.B. in den Straßenverkehr begebe, dann ist es auch im Sinne meiner eigenen Gesundheit absolut empfehlenswert, den Regeln dieses Straßenverkehrs zu folgen.

Fühle ich mich dabei allzu sehr eingeengt, empfinde ich so etwas als einen unzumutbaren Eingriff in meine persönliche Freiheit, bleibt mir ja immer noch die Freiheit, nicht am Straßenverkehr teilzunehmen. Ich kann z.b. zu Fuß gehen, nur unbefahrene Waldwege benutzen oder mich psychotherapeutisch behandeln lassen, um mein Problem zu lösen.

Ohne feste Regeln ist das Zusammenleben in einer menschlichen Gesellschaft nicht möglich, und diese Regeln stellen normalerweise keinen Eingriff in meine persönliche Freiheit dar.

Dies gilt zumindest für unseren Lebensbereich. In einigen anderen Ländern würde man bei der Betrachtung der dortigen Regeln des Zusammenlebens sicher zu etwas anderen Bewertungen kommen müssen.

Also wir haben durchaus die Voraussetzungen, in diesem Land in innerer und äußerer Freiheit zu leben. Wenn wir das trotzdem für uns so nicht feststellen können, wenn wir uns unfrei und geknebelt vorkommen, bleibt nur die Folgerung, dass wir wohl selbst etwas falsch machen. Diese Schlussfolgerung ist nicht unbedingt beliebt. Ist es doch viel bequemer, die eigene Unschuld und Machtlosigkeit zu beteuern und dies und jenes für unsere Lebensumstände verantwortlich zu machen.

Nun höre ich manchen sagen, dass man z.B. ja wohl nicht in innerer und äußerer Freiheit leben kann, wenn einen die finanzielle Situation zu erdrücken droht.

Diese Meinung ist durchaus verständlich, aber falsch. Niemand kann z.B. aus einer solchen Situation wieder herauskommen, wenn er nicht den Weg zu innerer und äußerer Freiheit findet. Dies geschieht zunächst ausschließlich auf der unbegrenzten, geistigen Ebene und hat rein gar nichts mit dem finanziellen Status zu tun. Ich kenne viele sehr reiche Leute, die gerade durch ihren Reichtum in totaler innerer und äußerer Unfreiheit leben, und umgekehrt kenne ich Menschen in recht bescheidenen Verhältnissen, die ihre Freiheit genießen.

Allein entscheidend ist das, was auf unserer unbegrenzten, geistigen Ebene vor sich geht. Was hier nicht möglich ist, was hier nicht denkbar ist, wozu hier kein Vertrauen besteht, was hier nicht verursacht wird, was hier blockiert wird, kann sich auf der Ebene unserer Lebensumstände nicht manifestieren. Geist steht über Materie, Geist ist der Ursprung aller Materie, Geist formt Materie, was sich bis in Körperbau und Ausdruck eines Menschen hinein zeigt. Wenn wir einem Menschen begegnen, haben wir sehr schnell einen Eindruck, wes Geistes Kind er ist.

Also erinnern wir uns erneut daran, was wir in Wahrheit sind: Wir sind unbegrenzte, geistige Wesen in einem begrenzten, materiellen Körper. Mit unserer geistigen Schöpferkraft schaffen wir unsere Lebensumstände, und auch nur durch unsere geistige Schöpferkraft können wir sie ändern.

Denken und fühlen wir uns arm,
ziehen wir Armut an.
Denken und fühlen wir uns reich,
ziehen wir Reichtum an.

Dabei dürfen wir Reichtum nicht ausschließlich mit materiellem Reichtum verwechseln. Materieller Reichtum ohne gleichzeitigen Reichtum auf der geistig-seelischen Ebene führt eher zu Verarmung und Vereinsamung. Es gibt viele Menschen, mit deren Konten ich zwar gerne tauschen würde, aber mit ihrem Leben würde ich keine Sekunde tauschen wollen. Wenn sich an dieser Stelle nun wieder Ihr Franz oder Ihre Erna einmischen und Ihnen klarmachen wollen, dass Sie mit diesem Problem sicher viel leichter umgehen könnten als mit den Problemen, in denen Sie jetzt stecken, dann lächeln sie einfach milde darüber. Sie würden natürlich alles ganz anders machen.

Als eine der mächtigsten Ursachen innerer und äußerer Unfreiheit – oder umgekehrt auch der Freiheit – haben wir die Konditionierungen und Aufzeichnungen unseres Unterbewusstseins bezeichnet. Was sich hier mit der Zeit manifestiert hat, sind jene unumstößlichen Wahrheiten, die unser Denken und Handeln beherrschen. Aber wer – außer uns selbst – hindert uns denn daran, hier ganz neue Wahrheiten zu etablieren? Diese Freiheit haben wir doch.

Die Konditionierungen unseres Unterbewusstseins sind kein unentrinnbares Schicksal!

Wir, der Hausherr, können uns sofort an den Umbau unseres Hauses machen. Aber dazu müssen wir uns zuerst unseres wahren Seins bewusst werden und unsere Hausherrenschaft auch mit Nachdruck beanspruchen. Freiwillig wird sie uns nicht abgetreten werden.

Wir sind Herr und Meister dieses Körpers. Wir haben diesen Körper, wir haben diesen Franz oder diese Erna, aber wir sind weder dieser Körper noch sind wir Franz oder Erna.

Wir sind das, was diesen Körper lebendig macht und damit eine Figur wie Franz oder Erna überhaupt erst ermöglicht. Wenn wir aus diesem Körper ausziehen, ist dies für Franz oder Erna das absolute Ende, für uns aber ist es nichts anderes als der lang ersehnte Gang nach Hause. Aus der Enge und Begrenzung dieses Körpers gehen wir wieder zurück auf die unbegrenzte Ebene unseres wahren Seins.

Verzeihung, wenn ich das immer wieder deutlich mache. Aber wenn Sie dies wirklich verstehen und verinnerlichen, haben Sie den entscheidenden Schlüssel zu innerer und äußerer Freiheit in der Hand.

Ich kann z.B. nicht in innerer und äußerer Freiheit leben, wenn ich Angst vor dem Tod habe. Aber wir sterben ja gar nicht. Franz oder Erna hingegen werden mit Sicherheit sterben, für sie ist der Tod das Ende, wir gehen lediglich wieder nach Hause. Verstehen wir also deren Angst – aber was hat deren Angst mit uns zu tun? Sie hat nur dann etwas mit uns zu tun, wenn wir uns fälschlicherweise mit Franz oder Erna identifizieren.

Aber schließen Sie daraus nun bitte nicht, dass ich mich auf den Tod freue. Ich lebe sehr gerne und bin dankbar für jeden Tag dieses Lebens, denn jeder Tag meines Lebens bringt mich ein Stück weiter, und dazu bin ich im Augenblick schließlich hier.

Ob ich dabei in einem hochherrschaftlichen Rolls Royce chauffiert werde oder auf einem rostigen Fahrrad sitze, hat auf mein Selbstwertgefühl keinen Einfluss. Ich bin und bleibe immer ich. Natürlich würde ich lieber in einem Rolls Royce als auf einem rostigen Fahrrad sitzen, und mein Galan denkt sogar, dass uns so ein Rolls Royce sogar irgendwie zustehen würde. Er hebt manchmal gern ein wenig ab und ich muss ihn dann wieder einfangen.

Also wenn Sie irgendwo einen Rolls zu viel haben, schicken Sie ihn einfach vorbei, es würde mich freuen. Wenn Sie keinen Rolls und schon gar keinen zu viel haben, reicht eine Bild-Postkarte.

Schön, richtig und sogar irgendwie selbstverständlich, wenn der Rolls da wäre – ich sehe mich schon damit herumkutschieren –, aber ebenso schön, richtig und selbstverständlich, wenn er nicht da ist.

Was hätte so ein Gefährt in Wahrheit mit mir zu tun? Ich wäre immer ich, das unbegrenzte, geistig-göttliche ICH BIN in diesem begrenzten, materiellen Körper. Wie oder wodurch könnte man diesen kostbaren Wert noch steigern? Durch einen Haufen Blech mit Sicherheit nicht.

Nun habe ich das Ganze hier ein wenig flapsig behandelt. Dies geschah natürlich nicht ganz zufällig. Ganz im Gegenteil, es hat einen sehr ernsten Hintergrund. Es sollte für Sie so etwas wie ein ganz beiläufiges Beispiel einer geistigen Ursachensetzung sein. Dabei ist das Objekt Rolls Royce natürlich mit jedem anderen Wunschbild austauschbar. Entscheidend ist allein die Vorgehensweise.

1. Ich habe gesagt, dass ich gerne einen Rolls Royce besitzen würde.

2. Ich finde die Situation sogar selbstverständlich, mir auch irgendwie zustehend, und sehe mich schon damit herumkutschieren.

3. Ich habe damit meinen Anspruch an die Fülle der Schöpfung präzise definiert.

4. Ich war trotzdem so schlau, die Erfüllung meines Wunsches offenzulassen und auch das Nichteintreffen zu akzeptieren.

5. Wenn es für mich so richtig ist, kann es so geschehen, wenn es nicht richtig ist, wird es so nicht geschehen.

Ich habe mit dieser ganz beiläufigen und flapsigen Ursachensetzung zumindest etwas möglich gemacht, habe einen Boden vorbereitet, auf dem etwas wachsen kann. Wenn es dann am Ende ein Bentley wird, ist das auch in Ordnung.

Was wir uns hingegen nicht einmal vorstellen können, was in unserem Denken und Fühlen nicht einmal einen Platz hat, was für uns sozusagen undenkbar ist, kann auch nicht für uns geschehen. Wir schließen uns selber aus der Fülle der Schöpfung aus.

Wenn Sie also zu denen gehören, die der Überzeugung sind, dass die sogenannten kleinen Leute immer klein bleiben werden und der Teufel immer nur auf einen großen Haufen . . . . (sie wissen schon), dann beginnen Sie doch einfach damit, Ihre Überzeugung zu wechseln.

Geistige Ursachensetzungen brauchen keine feierlichen Zeremonien. Sie geschehen unaufhörlich und ganz beiläufig durch unser tägliches Denken und Handeln.

Durch unsere Befürchtungen, Ängste, Erwartungen und durch alles, was sich so den ganzen Tag in unserem Kopf dreht, setzen wir die Ursachen für unsere Lebensumstände. Wenn wir einmal überlegen, was dabei so alles völlig unbewusst und unkontrolliert an Ursachensetzungen zusammenkommt, sollten wir uns eigentlich wundern, dass es trotzdem noch immer irgendwie gut gegangen ist.

Es muss so etwas wie eine geistige Führung geben, die uns vor dem Schlimmsten bewahrt und verhindert, dass wir das Chaos, das wir in unserem Kopf oft anrichten, auch voll ausbaden müssen.

Gehen wir noch zu einer anderen Quelle innerer und äußerer Unfreiheit. Ich bezeichne diese Quelle als „Vergleichssucht". Wenn wir uns, unseren Körper, unser Aussehen, unseren gesellschaftlichen Status wie unsere gesamten Lebensumstände mit anderen vergleichen, werden wir immer jemanden finden, der den Idealmaßen näherkommt, besser aussieht, einen höheren Status hat, in besseren Verhältnissen lebt als wir usw.

Selbst wenn wir zu dem unwahrscheinlichen Ergebnis kommen, dass wir auf allen Feldern unübertroffen dastehen, wird uns morgen oder übermorgen jemand übertreffen – garantiert!

Aber warum betreiben wir einen solchen Unfug? Stellen wir fest, dass andere besser sind als wir, ziehen wir daraus Unzufriedenheit. Stellen wir fest, dass wir besser sind, wird schon bald ein anderer noch besser sein. Wir ziehen dann auch daraus unsere Unzufriedenheit und wollen die verlorene Position zurückgewinnen. Wenn wir einmal der oder die beste waren, sehen wir die Position drei oder vier, deren Erreichen für andere etwas Großartiges wäre, als herben Verlust. Sie können dies z.B. bei der Medaillenvergabe einer Sportveranstaltung beobachten, wie jemand, der als hoher Favorit galt, nunmehr über seinen dritten Platz bittere Tränen der Enttäuschung vergießt.

Sobald wir uns mit anderen vergleichen,
ist das Ergebnis entweder sofort
oder auf Sicht negativ.

Also vermeiden wir derartigen Unfug. Es ist ohnehin kein Mensch mit einem anderen Menschen identisch. Was dem einen fehlt, ist dem anderen im Überfluss gegeben. Akzeptieren wir diese Unterschiedlichkeit und begeben wir uns nicht freiwillig in irgendeinen Vergleichswahn.

Sehen wir das, was wir haben,
und beklagen wir nicht das,
was wir nicht haben.

130

Es gibt wahre Weltmeister in dieser Klagedisziplin. Sie könnten haben, was sie wollen, es würde ihnen immer noch an etwas fehlen. Dies ist auch eine Form der inneren und äußeren Unfreiheit, bei der der Mensch nie irgendwo ankommt, nie mit sich und der Welt „zu-frieden" ist.

Eine kleine Geschichte zum Schluss

Vor einigen Tagen schoss mir bei meiner geliebten Gartenarbeit eine Hexe in den Rücken, der sogenannte Hexenschuss. Ich weiß nicht, welchen Gefallen die Dame in diesem Moment gerade an mir gefunden hatte, aber wer kennt sich schon so genau mit Hexen aus?

Ich fand zunächst auch keine Erklärung dafür, was das nun bedeuten sollte. War das die körperliche Manifestation einer Versteifung und Unbeugsamkeit auf meiner geistig-seelischen Ebene? Hatte ich hier eine Ursache gesetzt? Ich weise in meinen Büchern doch immer wieder auf solche Zusammenhänge hin, und nun konnte ich bei mir selbst spontan keine Erklärung finden.

Nun bin ich kein großer Arztgeher und versuche gelegentliche Probleme meines Körpers zunächst einmal immer selbst zu lösen. Schließlich bin ich der Chef in unserer Partnerschaft. Die betroffene Rückenregion wurde also von mir mit einem Schmerzgel eingerieben, mit Frischhaltefolie abgedeckt, damit die Salbe in die Haut und nicht in die Kleidung einzieht, und um das Ganze habe ich dann den Nierengurt, der eigentlich fürs Motorrad gedacht war, relativ stramm festgezurrt.

Nicht ganz falsch, wie sich herausstellte. Durch diese Maßnahmen konnte ich mich wieder einigermaßen bewegen, der Schmerz ließ tatsächlich nach und der Gurt gab mir etwas Halt. Dies alles geschah an einem Dienstag. Da wir aber am Wochenende für ein paar Tage verreisen wollten, riet meine Frau mir dringend, doch zu einem befreundeten, naturheilkundlich arbeitenden Arzt zu gehen, damit ich am Wochenende wieder fit sei.

Der renkte mir dann meinen Rücken nach der Dorn-Methode auch wieder ganz hervorragend ein, und es ging mir wesentlich besser. Als ich seine Praxis verließ, überlegte ich noch, in einer zwei Straßen entfernten Apotheke ein Rezept einzulösen, das er mir gegeben hatte, und machte mich auf den Weg dorthin. So weit zur Vorgeschichte.

Mir kamen drei Kinder entgegen, die kleine, runde Körbchen, mit beiden Händen umfassend, vor sich her trugen, so etwa in der Größe eines Nähkorbs. Das Alter des Mädchens schätzte ich auf etwa sieben Jahre und das der zwei Buben, die es begleiteten, auf etwa sechs und fünf Jahre. Ich überlegte einen Moment, was die da wohl so sorgsam behütet vor sich hintragen würden, als sie näher kamen und mich das Mädchen ansprach:

„Entschuldigen Sie, wenn wir Sie stören, aber würden Sie uns vielleicht ein paar Steine abkaufen?"

Ich war verblüfft, warum sollte ich Steine kaufen, und was für Steine sollten das wohl sein? Es waren einfache Kieselsteine, wie man sie zu Millionen an den meisten Flussufern und vor allem auch am nahen Chiemseeufer einsammeln konnte. Wert: 0,0 Cent.

Aber diese Kinder hatten etwas gemacht, was ich höchst erstaunenswert fand. Sie hatten eine Idee entwickelt, wie sie diesem wertlosen Zeug zumindest etwas Wert verschaffen konnten. Sie hatten diese Steine mit bunten Farben bemalt. Sonnen, Herzen, Blumen, Sprüche und Namen zierten nun diese Steine, und sie waren sichtlich stolz auf ihr kindliches Werk, das ich natürlich auch meinerseits gebührend lobte. Ohne Zweifel hatten sie sich Mühe gegeben.

Im Körbchen des Mädchens lag ein kleines Pappschildchen, auf das es mit ungeübter Kinderhand die Preise aufgeschrieben hatte: 10 Cent für die kleinen Steine, 30 Cent für die mittleren und stolze 50 Cent für die größeren bemalten Steine.

Um ihnen das Gefühl zu geben, als ernsthafte Geschäftsleute akzeptiert zu sein, habe ich dann gesagt, dass dies aber ganz schön teuer sei und wir darüber verhandeln müssen, womit die offensichtliche Geschäftsführerin dieses kleinen Unternehmens mit Blick auf ihre beiden jüngeren Partner auch einverstanden war.

Ich habe mich dann zu ihrem Körbchen hintergebückt, sorgfältig überlegt und ausgewählt, diesen und jenen Stein bewundert und gelobt, was sie mit sichtlichem Stolz erfüllte. Dann habe ich einen mittelgroßen Stein ausgewählt und vorgeschlagen, dass ich dafür 25 Cent zahle. Ein Angebot, zu dem die Geschäftsführerin nicht nein sagen konnte, und da ich diesen Stein auch noch aus dem Körbchen des kleinsten Jungen ausgewählt hatte, der nur wenige Steine tragen und anbieten konnte, wuchs dieser gleich um ein paar Zentimeter in die Höhe.

Ich war von dieser Begegnung tief gerührt. Die Kinder hatten mir eine große Freude bereitet. Es war eine völlig offene Begegnung, und als mir klar wurde, dass ich mich eine Stunde vorher nicht einmal zu ihnen hätte hinunterbücken können und sie von oben herab behandelt hätte, was die meisten Erwachsenen sicher so tun würden, wurde mir auch einiges über den Schuss der Hexe, die auf mich gefeuert hatte, klar.

Ich muss noch hinzufügen, dass es recht ansprechend gekleidete Kinder aus offensichtlich gut situierten Familien waren, die sich hervorragend ausdrücken konnten, keineswegs zum Betteln abgerichtet waren und sich in der kleinen Marktgemeinde Prien bewegten, wo normalerweise jeder jeden kennt. Nur damit die Geschichte keinen falschen Anstrich bekommt.

Was haben Sie beim Lesen dieser kleinen und wahren Begebenheit gedacht oder empfunden? Welche Gedanken oder vielleicht sogar Rührungen hat sie bei Ihnen ausgelöst? Oder haben Sie sich nur gewundert, warum ich solch unbedeutendes Zeug in ein Buch schreibe, für das Sie auch noch Geld ausgegeben haben? Sie hatten doch etwas erwartet, was Sie weiterbringt. Sollen Sie etwa auch Steine anmalen? Meine Antwort ist mit der sprichwörtlichen Antwort von Radio Eriwan identisch: „Im Prinzip ja, aber . . . . "

Wenn Sie diese kleine Geschichte auch jenseits Ihres Verstandes verstehen, wenn Sie ihr auf den tieferen Grund gehen, wenn Sie das dahinter stehende Schöpfungsprinzip erkennen, wird sie Sie ein ganzes Stück weiterbringen.

Sie war für mich der Beweis für die Richtigkeit meiner These, dass jeder Mensch der Verursacher seines eigenen Schicksals ist, dass jeder Mensch seine eigenen Chancen hat – im Größten wie im Kleinsten –, und ich will dies gerne näher erläutern.

1. Hier war zunächst einmal eine ganze Menge „Man" auf der Strecke geblieben. *„Man" lässt doch seine Kinder nicht auf der Straße herumlaufen und Steine verkaufen. Was sollen die Leute über uns denken? „Man" weiß ja auch nie, ob da nicht mal was passieren kann. „Man" ist als Eltern doch verantwortlich. „Man" sollte so etwas nicht zulassen. Vielleicht sollte „man" die Eltern sogar wegen Verletzung der Aufsichtspflicht anzeigen. „Man" sollte so etwas nicht auch noch unterstützen. Wie kann so ein alter Esel wie dieser Mann den Kindern für ihren Schrott auch noch Geld geben?* Lässt sich beliebig fortsetzen . . .

2. Hier machten Kinder eine ganz wichtige Lernerfahrung. *Sie machten die Erfahrung, dass sie selbst aus ihren bescheidenen Möglichkeiten etwas machen können. Sie machten die Erfahrung, dass sie dabei ernst genommen wurden. Sie machten die Erfahrung, dass eigene Anstrengung belohnt wird. Sie machten eine erste Erfahrung des Wechselspiels zwischen Geben und Nehmen. Sie bereiteten mir eine Freude und bekamen dafür etwas zurück, was ihnen Freude bereitete. Ich habe diese Geschichte am Abend meinem Sohn, der zu Besuch war, erzählt und ihm diesen Stein geschenkt, worüber er sich dann seinerseits wieder freute. Ich habe die Freude also weitergegeben.*

3. Es gibt nichts Wertvolles und nichts Wertloses. *Erst wir sind es, die einer Sache den Wert zumessen. Wenn wir in der Wüste zu verdursten drohen, wäre selbst der Besitz des größten Diamanten der Erde für uns völlig wertlos. Wir würden ihn ohne Zögern gegen ein Glas Leitungswasser eintauschen. Was ist also mehr wert, ein großer Diamant oder ein Glas Leitungswasser?* Es kommt ganz darauf an! Überprüfen Sie doch auch einmal Ihre persönliche Wertescala. Was ist für Sie wertvoll, woran hängen Sie, was wollen Sie nicht loslassen?

4. Kreativität kann sogar Kieselsteine in Geld verwandeln. Eingefahrene Wege sind chancenlos – es fahren schon zu viele darauf. *Ich muss es nicht genau so machen wie alle anderen, ich muss es ganz im Gegenteil anders machen. Erst durch dieses Anders schaut überhaupt jemand hin. Erst durch dieses Anders habe ich das Überraschungsmoment auf meiner Seite. Ich agiere – die anderen reagieren, so, wie ich vom Angebot der Kinder völlig überrascht war.* Dies gilt z.b. auch dann, wenn Sie eine Bewerbung schreiben, obwohl es dazu Muster gibt, wie eine solche auszusehen hat. Verlassen Sie jede Art von Uniform, um nicht selbst wie eine Uniform behandelt zu werden.

Nun ist die Geschichte mit den drei Kindern aus Prien am Chiemsee sogar in einem Buch veröffentlicht, in der sie von vielen Menschen gelesen wird. Die kleine und bescheidene Ursachensetzung der Kinder zieht ihre Kreise, so wie auch jede Ursachensetzung unsererseits ihre Kreise zieht. Alles ist mit allem verbunden.

*Wenn wir uns für die kleinen Dinge
und Begebenheiten des Alltags öffnen,
wenn wir bewusst hinschauen und nicht vom Ablauf
des Alltags gefangen sind,
öffnet sich uns eine Schöpfung voller kleiner und
großer Wunder.*

Wer Augen hat zu sehen, der sehe! Wer Ohren hat zu hören, der höre!

Aber wir sehen nur das, was wir sehen wollen, und wir hören nur das, was wir hören wollen. Wir sind nicht nur in unserem Denken und Handeln, sondern auch in unserem Sehen und Hören programmiert. Soweit wir diese Programmierungen durchbrechen, so weit öffnet sich uns die Fülle der Schöpfung.

Ich hoffe, dieses Buch konnte dazu zumindest einen ersten Anstoß geben.

Ihr
Matt Galan Abend

139

Matt G. Abend

**Privatpraxis für neue Psychologie,
Psychotherapie und ganzheitliche Lebensheilung**

GALAN-MASTER-TRAINING
„DER WEG ZUR MEISTERSCHAFT DES LEBENS"

EINZELBETREUUNG IN ALLEN BERUFLICHEN
UND PRIVATEN PROBLEMSTELLUNGEN.
EINZEL-INTENSIVWOCHEN

Ihre Kontaktmöglichkeit zum Autor:
EMAIL: GALANMASTER1@T-ONLINE.DE
HOMEPAGE: WWW.GALAN-MASTER-TRAINING.DE

Weitere Bücher aus dem Verlag Via Nova:

Leben heißt Loslassen
Alles, was wir festhalten, hält auch uns fest
Matt Galan Abend

Hardcover, 168 Seiten, ISBN 978-3-86616-024-8

3. Auflage

Das Besitz anzeigende Fürwort MEIN ist sicher eines der meist gebrauchten Wörter unserer Sprache. Aber in Wirklichkeit ist nichts von dem, was wir für MEIN halten, wirklich unser Eigentum. Menschen schon gar nicht, und auch die materiellen Besitztümer, die wir mal mehr, mal weniger zur Verfügung haben, sind Leihgaben, mit denen wir eine Weile spielen dürfen. Wenn das Spiel unseres Lebens abgepfiffen wird, verlassen wir das Spielfeld, aber die Dinge können wir nicht mitnehmen. Fällt uns das Loslassen bei Dingen noch einigermaßen leicht, so haben wir große Schwierigkeiten mit dem Loslassen gegenüber unseren Kindern, Partnern, Freunden, unseren Vorstellungen, Plänen, Wahrheiten – die Liste lässt sich leicht verlängern. Wir machen uns gar nicht klar, wie viel Energie uns das Festhalten kostet. Aber nur wenn wir loslassen, können wir uns dem ständigen Wandel des Lebens, dem Entstehen und Vergehen, dem Kommen und Gehen anvertrauen, nur dann können wir im Fluss der Schöpfung sein.

Räum dein Leben auf!
100 % mehr Lebensfreude / Matt Galan Abend

2. Auflage

Hardcover, 144 Seiten, 41 z.T. ganzseitige Zeichnungen, ISBN 978-3-86616-060-6

Der Mensch ist eingeschlossen in ein Gefängnis aus Konditionierungen, wie „man" zu sein hat, was „man" tut, was „man" von ihm erwartet, was „man" von ihm denkt usw. Der Mensch „kämpft" um alles und jedes, um sein Ansehen, um sein Geld, um seine Gesundheit, seine Sicherheit, seinen Arbeitsplatz oder was auch immer. Leichtigkeit, Lebenslust und Lebensfreude bleiben dabei meist auf der Strecke. Wenn wir gründlich Hausputz halten, wenn wir uns aus dem Dickicht unserer Konditionierungen befreien, wenn wir endlich aufräumen und das berühmte „Man" aus unserem Leben verbannen, wenn wir die Sorge darum verlieren, wie andere über uns denken, wenn wir die Angst überwinden, unseren Partner, unseren Job oder gar unser Geld zu verlieren, wenn wir den Maßstab in uns selbst und nicht im Außen finden, kann dies so etwas wie unsere zweite Geburt sein. Aber diese Änderung kann immer nur von innen nach außen, und niemals von außen nach innen erfolgen. Die vielen künstlerischen Zeichnungen von Annette Kramer unterstützen die eindringlichen Aussagen des Buches.

Die Angst ist ein seltsamer Vogel
Wie wir Ängste und Blockaden spielerisch überwinden können
Matt Galan Abend

Hardcover, 144 Seiten, 10 Zeichnungen, ISBN 978-3-86616-106-1

Noch nie war das menschliche Leben so angstbesetzt wie heute: Existenzangst, Versagensangst, Angst um den Arbeitsplatz, Angst vor Verarmung, dem Alter, vor Krankheit, dem Alleinsein usw. usw. Für den Autor lautet die alles entscheidende Frage: Habe ich Angst – oder hat die Angst mich? Wer hat wen? Wer geht mit wem um? Matt Galan Abend entlarvt zunächst die Angst als Software unseres Unterbewusstseins, beschreibt Ursachen und Hindernisse, weshalb die Angst so bedrohlich ist und unüberwindbar scheint. Er lehrt, wie man sich von der Angst trennen und die Identifikationen mit ihr auflösen kann. Der Autor personifiziert die Angst in diesem Buch mit der Figur des seltsamen Vogels und zeigt darüber hinaus einen Weg, wie wir Ängste und Blockaden auch aus unserer unbegrenzten, geistigen Ebene heraus heilen können.

Sprechstunde mit dem inneren Arzt
Wecke die Heilkräfte in dir selbst / Matt Galan Abend

Hardcover, 160 Seiten, ISBN 978-3-86616-071-2

Dieses Buch ist vor allem für Laien geschrieben und erklärt in verständlicher Sprache, wie typische Verhaltensmuster zu ebenso typischen Krankheitsbildern, zu sogenannten Zivilisationskrankheiten führen wie Rückenbeschwerden, Tinnitus, Stress-Syndrom, Bluthochdruck, Sexualstörungen u. a. Der Autor beleuchtet auch den psychischen Hintergrund. Sein Modell der 5 Ebenen beweist, dass eine Erkrankung immer den ganzen Menschen betrifft. Aber wie wir uns selbst krank machen, können wir uns auch selbst wieder gesund machen. Wir können die Gesundheit unserer unbegrenzten Geistebene auch auf unsere begrenzte körperliche Materie übertragen, indem wir uns unserer eigenen Kraft, heilsamer und unheilsamer Energiefelder bewusst werden, die Erkrankung als Aufgabe annehmen und die richtigen Techniken anwenden. An praktischen Beispielen wird erklärt, wie wir uns selbst testen können, ob Medikamente uns nützen oder schaden, wie wir die Wirkung medizinischer Therapien beträchtlich steigern und vermeiden können, dass eine Krankheit chronisch wird.

Leben wie neu geboren
Noch einmal • ganz anders anfangen • ganz anders denken • ganz anders handeln
Matt Galan Abend

Hardcover, 128 Seiten, 10 Zeichnungen, ISBN 978-3-86616-088-0

Was würden Sie alles anders machen, wenn Sie Ihr Leben noch einmal von vorne beginnen könnten? Auch Sie können tatsächlich so etwas wie eine zweite Geburt erleben, Ihr Leben noch einmal ganz neu betrachten, ganz neu ordnen, ganz andere Schwerpunkte setzen und damit auch zu einer ganz neuen Beziehung zu sich selbst und zu Ihrem Leben finden.Wie die grundsätzliche Neuorientierung eines Lebens möglich ist, zeigt der Autor am praktischen Beispiel eines Rechtsanwalts, der seine Ängste und einengenden Prägungen überwinden konnte und damit eine ganz neue Qualität in sein Leben brachte. Die flüssige, meist humorvolle, z.T. auch ironische Sprache des Autors und das lebensechte Beispiel garantieren eine spannende Lektüre. Seine direkte Ansprache, Überlegungen und Empfehlungen überzeugen auf Anhieb. Ein Buch, das auch Ihr Leben verändern kann.

Trennung oder Neuanfang?
Bewältigung von Partnerschaftskrisen aus psychologischer und juristischer Sicht
Matt Galan Abend / Celia Elsdörfer

Hardcover, 160 Seiten, ISBN 978-3-86616-141-2

Die beiden Autoren Matt Galan Abend (Psychologe) und Celia Elsdörfer (Rechtsanwältin) behandeln die psychologische und die juristische Seite einer Problematik, in die heutzutage immer mehr Menschen verstrickt sind. Dieses Buch zeigt genau auf, auf welchem Boden sich solche Problematiken entwickeln, welche Fehler gemacht werden, wie solche Fehler zu vermeiden sind, was dabei unsere Lernaufgabe ist. Menschen, die in problematischen Partnerschaften leben, die vielleicht schon vor der Frage des Aufgebens stehen, erhalten hier fundierte Antworten, die aus täglicher Praxis und eigener Lebenserfahrung entstanden sind und nicht nur irgendwelchen Theorien folgen.

Dem Geheimnis der Gedanken auf der Spur
Das Gehirn wächst mit seinen Herausforderungen
Prof. Dr. Gela Weigelt

Paperback, 152 Seiten, 70 farbige Fotos, ISBN 978-3-86616-191-7

„Das Glück Deines Lebens hängt von der Beschaffenheit Deiner Gedanken ab." – Marc Aurel

Die Neurowissenschaften zeigen uns, wie Gedanken im Gehirn als In-Formationen „entstehen". Die moderne Physik beweist, dass es eine Quantenwelt „hinter" dem Gehirn gibt, in der diese Informationen enthalten sind, und die Spiritualität liefert die zeitlosen Erkenntnisse über die „wahre Natur" der Gedanken. Dieses Buch bietet eine Synthese aus Wissenschaft und Spiritualität. Zahlreiche farbige Bilder erläutern den Text und führen so zu einem tiefen Verständnis des Geheimnisses um die Gedanken, die in unseren Gehirnen auftauchen.

Finde das Wunderbare in dir!
Ein Wegbegleiter für das persönliche und spirituelle Wachstum
Eliza Mada Dalian

Paperback, 256 Seiten, ISBN 978-3-86616-188-7

Haben wir uns nicht immer gefragt, wie wir von Leiden, Leere und Festgefahrensein zu kosmischer Freude, Liebe und Bewusstsein erwachen können? Eliza Mada Dalian zeigt uns mit erfrischender Direktheit den Weg dorthin – Schritt für Schritt. Ganz lebenspraktisch, mit kraftvollen Übungen, Einsichten und Visualisationen, führt ihr mit acht Preisen ausgezeichnetes Buch von der Entwicklung bis zur Heilung des Ego, durch die Schleier der Illusion und die Gedankenfallen hin zur Freiheit und zur Liebe. „Hätte ich dieses Buch vor 20 Jahren gelesen, hätte es mir viel Schmerz, Zeit und unnötige Anstrengungen erspart." (Albert Sturm)

Heilgebärden
Verbindung mit dem heilenden Feld durch Bewegung und Meditation – Vorwort von Chuck Spezzano
Barbara Schenkbier

Hardcover, 160 Seiten, 42 mehrfarbige Fotos, ISBN 978-3-86616-175-7

Die Heilgebärden sind im Rahmen der Ausbildung für spirituelle Heilung inspirativ von der Autorin Barbara Schenkbier empfangen und ausgestaltet worden. Sie sind für jeden leicht durchzuführen. Achtsame Gebärden und Haltungen öffnen den Übenden für den Strom der Heilenergie aus dem heilenden Feld. Dynamische Bewegungen und Energiemassage aktivieren die Lebensenergie, so dass der Körper und die Feinstoffebenen durchströmt und geheilt werden. In der wachen Vergegenwärtigung der strömenden Heilkraft und in den Meditationen werden auch Geist und Seele angesprochen und wichtige spirituelle Grundhaltungen wie Achtsamkeit, Hingabe und Demut entfaltet.

Das Geheimnis deiner Seele
Entdecke dein wahres Sein
Klaus Manfred Janko

Hardcover, 192 Seiten, ISBN 978-3-86616-180-1

Die zentrale Botschaft des Buches für den Leser besteht darin, sich zu erinnern, dass er die Seele ist, die in einem Körper wohnt, nicht ein Denker, der im Gehirn seines Körpers wohnt und arbeitet. In 37 „Seelen-Kapiteln" behandelt es die wichtigsten Lebensbereiche des Menschen, wie z.B. Frieden, Liebe, Beziehungen oder Emotionen und beleuchtet sie aus den verschiedensten Blickwinkeln der Seele. Der Leser soll motiviert werden, seinen eigenen individuellen Weg zu finden, um seiner Seele immer näher zu kommen, damit er sich dem Transformationsprozess in ein höheres Bewusstsein öffnen kann.

Heilung beginnt im Herzen
Die inneren Kräfte wecken, um Körper und Seele zu heilen
Chuck Spezzano

Hardcover, 240 Seiten, ISBN 978-3-86616-140-5 **2. Auflage**

Das neue Buch des bekannten Lebenslehrers Dr. Chuck Spezzano gibt dem Leser grundlegende Prinzipien und Methoden an die Hand, um sich von allen Formen von Krankheit und Schmerz zu befreien. Es ergründet nicht nur die Wurzeln dessen, was Krankheiten und Schmerzen erzeugt, sondern zeigt darüber hinaus praktische Wege, wie man die dem eigenen Herzen und Geist innewohnende Kraft nutzen kann, um Krankheiten zu heilen und Schmerz aufzulösen.

Freundschaft – ein Geschenk des Lebens
Max Lang

Paperback, 240 Seiten, ISBN 978-3-86616-143-6

Was wäre unser Leben ohne gute Freunde! Wie könnte es ohne sie gelingen! Die Freundschaften sind es, die dem eigenen Dasein Fülle und Tiefe verleihen. Im Geben und im Nehmen erschließen sie menschliches Werden und Vollenden. In zahlreichen Geschichten, im Blick auf die Jahrhunderte und auf die Kulturen der Welt und die Weisheit der Philosophen erschließt er die spirituelle Dimension der Freundschaft. Als besonders hilfreich erweisen sich hierbei Impulse aus der Welt des Buddhismus. Ein eigenes Kapitel ist der Freundschaft mit alten Menschen gewidmet.